叢書・ウニベルシタス　688

神は狂信的か

現代の悪についての省察

ジャン・ダニエル
菊地昌実 訳

法政大学出版局

Jean Daniel
DIEU EST-IL FANATIQUE ?

Japanese translation published by
arrangement with Arléa, Paris, through
Japan UNI Agency, Inc., Tokyo.

祖父母たちはユダヤ教徒であり、
プロテスタントであり、
カトリックだったのに、
自分は宗教教育を一切受けなかったサラに。
J・D・

目　次

〔各章の小見出しは本文中にはないもので
それぞれの章の概要を示したものである〕

まえがき　*1*

第1章　信仰なき者の中の最も敬虔な者　*9*
幼年期に浸透したもの。もう一つの不条理。プロテスタント信者の沈黙。世俗の聖者たち。相争う息子・兄弟。宗教は信仰ではない。洗礼と恩寵。懐疑のヒロイズム。

第2章　コルドバからマジョルカへ　*28*
神学的思考。アヴェロエス、マイモニデス、トマス・アクィナス。ラモン・ルルスと三賢人。批判的理性賛。宗教と世俗性〔政教分離〕。全的人間の幻想。

第3章　伝統の策略と巻き返し　46
啓示は伝統ではない。思想には一般性の思想、芸術には固有性の芸術しかない。秩序への郷愁。近代の征服者的威信。源泉巡り。家父長制のひそかな魅惑。イスラムを近代化するか、近代をイスラム化するか。

第4章　ジッド、アンティゴネと絶対の誘惑　70
「宗教たちよ、私はあなたがたを憎む」。献身の快楽。信仰から狂信へ。抵抗精神。アンティゴネ＝ドゴール対クレオン＝ペタン？

第5章　《神》に選ばれることの恍惚と苦役　88
最初の人間。恩寵と予定説。キリスト教世界と「救い主の王」。ダンテと一つの人類の思想。神秘的意識。モーセの賛歌。契約と迫害。

第6章　ムルソー、ムイシュキンと無垢の強迫観念　119
「神の唯一の言い訳」。人生とニヒリズム。ムルソーは過去に自分の無垢を発見する。ドストエフスキー、「もし神が存在しないなら、

すべては許される」　カミュ、「もし神が存在しないなら、何も許されない」。

第7章　プロメテウス幻想の終わり　138
われわれの神々は《唯一神》を信じていなかった。不機嫌な不可知論と個人の復活。プロメテウス神話の終わり。悲劇的な絶対への回帰。無信仰の宗教的形態。

第8章　問いかけと聖なるもののあいだで　163
芸術と神。紀元一世紀のユダヤ教徒、イエス。モーセに戻る。キリスト教徒はキリストの受肉に価したか？　根づきと漂泊のあいだ……どんな自由か？　ラモン・ルルスをめぐる和解。

エピローグ　184
訳　注　187
訳者あとがき　203
参考文献　（巻末）

謝辞

サンドリーヌ・ユボー嬢には、大量の扱いにくい資料の調査を手伝っていただき、またその原本を調べる道筋を示唆していただいたことで、とりわけ多くを負うている。また、友人である歴史家アンドレ・ビュルギエールには、今回もまた、ベルナデット・アトラン夫人が整えてくれた原稿を、その博識と炯眼でていねいに読んでいただいたことを記して、謝意を述べたい。アルレア社のジャン＝クロード・ギユボーは、テキストの一部を見ただけで、私がそれに手を加え、本の形にまとめるよう薦めてくれた。

ミシェールへ。久しい以前から、あなたがいなければ、何もできなかった。ありがとう。

「もし本当に宗教というものが生き残るとすれば、たくさんの要求を満たさねばならないだろう。まず最初に、宗教は武装を解いたことばの力以外の一切の力を放棄しなければならないだろう。その上に、宗教は硬直した教義よりも思いやりの心を優先させる必要がある。とりわけ、これが一番難しいのだが、各宗教の教えの根底にある、たがいに他と通じ合いたいという願いをかなえさせる、あの言外の余剰部分を求めなければならない。なぜなら、競争であるほかない種々の表面に現れた形を通じて、本当の接近が行われることはない。距離が縮まるのは、深部においてだけだからだ」。

ポール・リクール

まえがき

したがって、当時、そもそも一神教が生まれる最初の頃、あの一つの、偉大で、奇妙な物語があった。今この物語の再検討が必要だ。われわれはまだそこから抜け出していないのだ。

アブラハムが、モリヤの山にイサクを連れて行き、彼を焼いてささげよと命じる《神》の声を聞いたとき、アブラハムはためらいはしなかったが、なぜ《神》がイサクのことを「おまえの息子、ただ一人の息子、おまえの愛する息子」と呼んだのかと、一瞬、いぶかしく思った。彼は召使のハガルに生ませた息子イシュマエルを愛していたので、イサクは彼の唯一の息子というわけではなかった。こうしてみると、《神》は妻の生んだ息子と召使の生んだ息子をはっきり区別したのだ。しかし、《神》の声はすでに、まるで麻薬かあるいは魔法のように作用していた。聖書によれば、「アブラハムは朝早く起き、ロバに鞍をつけ、二人の下男と息子のイサクをお供にした。彼はいけにえ《ホロコースト》の儀式のための薪を割ると、神が指定した場所へ向けて出発した」。みな三日の間、黙って歩かねばならなかった。アブラハムは息子に一言も口をきかなかったが、息子はそれを当たり前と思った。

しかし、二日目の日、アブラハムは安全な野宿の場所を定めた後で、いろいろ思いをめぐらせ、《神》が自分の思いを読み取ってくれることを願った。彼は不思議な冒険をしてきたものだと考えた。そもそもカルデヤのウルでは、そんなに悪い生活ではなかった。というか、たとえ良くはなかったとしても、少なくとも、自分ではそう思っていなかった。問題が生じたのは、自分の愛する父テラが偶像にとらわれており、彼の下を去らねばならないと、気づく機会を与えられた時だった。彼はそのとき七十五歳だったが、故郷と親族と父の家を捨て、カナンの地に向かうよう言われた。飢餓から逃れてエジプトへ行かざるをえなくなったアブラハムは、まだサライと呼ばれていた妻のサラが、そのあまりの美しさから男の心をそそるに違いないと思い、彼女を妹だといつわって言わねばならなかった。ファラオはサラを妻君だと思ったが、アブラハムに数々の恩恵を与えた。結局、アブラハムはファラオにサラを譲った。

彼がエジプトを出発し、カナンの国に着いた後で、アブラハムは、この国を彼の子孫のものにするという神の約束を得た。「私はヤハウェ、おまえをカルデヤのウルから出し、この国をおまえのものとして与える」。

アブラムが八十六歳のとき、ハガルが彼の子イシュマエルをもうけた。そのとき、彼はこれまでの約束と《契約》の確認をもらう。このときから、彼はアブラハム、サライはサラと呼ばれることになる。彼は家族の男全員に割礼を受けさせる。同じ日に、九十九歳のアブラハムと十三歳のイシュマエルは、「彼らのペニスの包皮に割礼」を受けるのだ。同じ日にしたということが、父と子を一層強い絆で結んだ。しかしながら、《神》との《契約》が結ばれるのは、もう一人の息子となのだ。

サラがイサクを生んだのは、九十歳のときである。アブラハムは、《神》に命じられたとおり、生後八日の息子に割礼を行った。ところが今、《神》はアブラハムを試し、サラの息子、彼が望んだわけではなく、要するに気まぐれの奇跡で彼に押しつけられた、あの息子をいけにえに要求したのだ。だが、もし《神》がだれか話相手を必要としているのなら、なぜ彼をいけにえにするのか。アブラハムは考える、イサクが死ぬべきなのかどうか、私にはわからないが、私の本当の願いとしては、私が死んだときには、祖先のしきたりどおり、二人の息子、イシュマエルとイサクに埋葬してもらいたいのだ。サラが死んだあと、またケトゥラという名のもう一人の妻と暮らしたあとで、そのとおりのことになるかどうか、彼にはまだわからない。

とにかく今は、アブラハムは振り返りもせず、ひたすらモリヤの山をめざして歩く。自分の大きな手に、二番目の息子のやわらかい、小さな手を取って。道に邪魔なものがあれば、踏みつぶして行く。どこまでも歩きつづける。彼は何も考えない。考えるという行為からおよそ遠いところにいる。彼のふるまいは狂信者《ファナティク》のふるまいと言ってもいい。

*

『プティ・リトレ』[1]によれば、狂信者とは「神の意図を受け継いでいると思いこむ者」、「宗教に対する異常な熱狂にかられた者」である。『プティ・ロベール』[2]によれば、狂信者とは「自分が神、神の御心から霊感を受けたと信じる」者である。いずれにせよ、霊感を受け、錯乱した者である。この語源はファヌム（寺院）にある。十六世紀には、狂信者とはある宗教、ある教義、あるいはある強烈な信仰と盲目的情熱の持ち主に従う霊感を受けた人間であると言われていた。狂信者は不寛容であり、排他的である。しばしば熱狂状態にあり、つねに過剰である。

文字どおりに言えば、ある信仰、またはある大義への依存状態を意味する狂信《ファナティスム》を《神》に帰するわけにいかぬことは、明らかだ。《神》を狂信のかどで告発するのは、いわば《神》を人間化することになる。《彼》は霊感を受けた者ではない。《彼》は霊感を与える。《彼》は狂信者ではない。《彼》は人間を狂信的にさせる。まあとにかく、そうする力がある。しかし、《彼》はまた、《彼》のうちなる神性が人間性に変質してしまう、そんな要求をすることもある。《神》がアブラハムに息子をいけにえにする命令を下すとき、《神》は支配者の要求を突き付けていることを示すが、同時に、アブラハムが自分への絶対的服従を示して見せないかぎり、《神》は自ら依存状態に陥る。つまり、《神》はアブラハムの決心に依存している。《神》は服従させる自分の能力に確信がないとみなされる。もしアブラハムが自由でないなら、彼に試練はいらないはずだ。《神》がアブラハムの人殺しに向かう腕を抑えることに決めるのは、自分の身分にふさわしい気まぐれの表れだろうが、メソポタミア的あるいはヘブライ的というより、ずっとギリシャ的である。とにかく、気まぐれにしても、間違いなく神の気まぐれであり、そこで《神》は人間のいけにえを終わりにする。

信仰とは、ちょうど、女性が恋人の無条件の献身ぶりを試そうとするように、《神》が人殺しを命じるとき、《神》を崇拝することである。信仰とは、また、《神》がイサクの命を助ける慈愛の心に同意するとき、《神》を崇拝することでもある。この教訓話が伝えようとしたことはわかる。国家の問題と人間関係に介入するとき、《神》は狂信者である。《神》は狂信者であり、かつ、人間を狂信的にする。なぜなら、アブラハムは《神》に従うとき、何も自分で決断しているようには見えない。彼は呪縛されている。夢遊病者である。モリヤの山に向かっていた三日の間、彼は息子に話しかけない。まして、妻であり、いけにえとなるべき息子の母親であるサラに何も打ち明けていない。この子の誕生は、晩年——

サラは九十歳だった――の夫婦への《神》の贈り物であり、この一神論の宗教の初期の奇跡の実現だったはずなのに。

＊

それはさておき、アブラハムがこの動乱の世紀末に帰ってきたからといって、アブラハムの末裔たちがこの数十年間に流された血の大部分について無実であることを忘れてはならない。《神》なき人間たち、《神》を拒否し、自ら《神》であるとする人間、絶対人民主義者、《歴史》の崇拝者、《民族》ないし《人種》気違いが、現代の人間の不幸を作りだしたのだ。彼らこそ霊感を受けた者、心神喪失者――狂信者である。彼らはファシズム、ボルシェビズム、ナチズムのあとも、歩みを止めなかった。彼らはみな同じように神を信じないばかりか、逆に、中国、カンボジア、ルワンダ、アイルランド、セルビア、クロアチアでは僧侶、修道士を迫害さえした。彼らは自分たちの神話を神格化したので、神々が示した道と同じ道をたどることになった。いずれにせよ、勝利者は死だけである。アブラハムでもプロメテウスでもない。

今世紀を通じて、《進歩》信仰が超越的存在に代わりうると思わせることがしばしばあった。また実際、無信仰は神の代用品というか、宗教の代用品としての進歩への希望を後ろ盾にしていることが多かった。だが、科学の驚異的な進展はしばしば良心のきわめて重大な不幸の原因となり、また「プロメテウス的」個人の孤独がそのために悲劇的なまでに深刻となった。その結果、原初へ、《啓示》と同一視される伝統へ戻ろうとする激しい動きが始まった。人々が民主主義や、人権や、人道主義活動のまわりをさまよっているあいだに、《神》はいたるところにこっそりと、あるいは至高の救世主と奉られて、舞い戻る。そこで人々は気づくことになる。もし宗教への欲求が民族への欲求と同じく根深いものであるとするなら、人間のうちにある最悪のもの、狂信がそれを満足させることもありうる、と。

最近、宗教への回帰と呼ばれる現象が、その醜悪さのこの上なく洗練された形をとって出現しているだけに、一層そう言うことができる。これまでは、彼岸での未来の生の幸福に近づくには、聖者のごとくふるまうようすすめられた。ところが今や、同じ幸福に近づくには、人殺しをするよう若者にすすめている。かつて軽蔑の時代があった。また、暗殺者の時代もあった。やがて、暗殺崇拝者の時代になるのだろうか。

＊

目印の喪失、意味の危機、懐疑のめまい、絶対への渇き、あるいは郷愁？　そうかもしれない。ついに謎の正体をつかむことができた！　しかし、もし危険はむしろ懐疑から脱け出すことにあるとしたら？　もし超越的存在と《歴史》にかんする不確実性こそが、ニヒリズムと狂信のかわるがわるの誘惑に対する唯一の、真の防御だとしたら？　もし救いが、まさに救いそのものが信仰にではなく、問いかけにあるとしたら？　もし自然科学が教えてくれた不確定性理論のおかげで、人間にとって《神》の存在（ないし非存在）をもはや排除できないという事実こそ、人間が非合理の猛威からも、合理主義の傲慢からも遠ざかる奇跡的な方法だとしたら？　要するに、もし《存在》と《生》と《意識》というこの一連の創造を、想像上の《創造主》と見捨てられた被造物との間の弁証法的緊張として考え直すべきだとしたら？　こうした問いにはどれも答えはない。もしあるとしたら、そもそも問いが否認している確実性を肯定することになってしまう。まさにこういう問いとともにわれわれは生きるべきではないだろうか。というのも、デカルトの方法的懐疑や、モンテーニュの「やわらかな枕」[3]の向こう側には、ただシジフォス[4]の厳しく、暗い世界しかないからだ。

　合理性に惹かれる人間は、神話とか芸術史の中に聖なるものの意味と行動の原動力を見出す。そこで彼は、たしかに《神》からは離れているにせよ、宗教と神々の間で揺れるのだ。ただ彼が決して忘れないことは、理性というのはたとえその限界の中でも、かけがえのないものであること。信仰というのは個人的神秘思想の中においてのみ、無垢であること。また、《絶対》は非人間性の隠れ家であることだ。誇り高く、過激なプロメテウスは、彼の肝臓をむさぼり食らうハゲタカから逃れることができず、神々からすべてを盗めるかどうか、疑いはじめる。シジフォスはどうしても幸福にはなれない。同じ岩を押し上げる労働は、空の色、感覚の味わいから遠ざけてしまう。

　かつてショーペンハウアーとベルクソンがそうしたように、今また、人々は昔の東方から射してくる《光〔啓蒙思想〕》に目を向けはじめた。ゲノン[5]、ドーマル[6]、ミルチャ・エリアーデ[7]、それにデュメジル[8]さえもが入りこんだ、あのインドの非合理の世界。彼らはまだどっぷりとはまったわけではなく、探りを入れて、調べている。ひょっとしてグルは、賢者が立ち止まることに決めた場所で、動きつづけているのではないか、と。

　そういうわけでこの本が生まれた。冒頭と最後で一人称が使われているが、どうか私がいささかでも得意になっているなどとは考えないでいただきたい。私は宗教史家でも、神話学者でも、セム語族や東洋言語の専門家でもなく、私があえて取り組もうとした主題について正しく語るに必要な資格はない。だから、私にできるのは、宗教的無信仰の行程をたどる一つの物語、私の物語を記すことだけだ。ためにならぬものでもない物語。

J・D・

第1章　信仰なき者の中の最も敬虔な者

その当時、平野はもう修道士たちの住むところではなかった。ひしめきあう一家、私の家族はアルジェリアのミティジャ(1)の小さな町に住んでいた。私の記憶の中だけで大きな私の家、ほぼ五百平方メートルの四辺形の中に位置していた家から、近い順にモスクと、その次にシナゴーグと、最後に教会が見えた。そういうわけで、私はさまざまな種類のお祈りの響きと物音を聞いて、育った。暑い午後のシエスタのひととき、コーランを詠唱する声がやんだことはなかった。シエスタにはコーランの声が張りついているから、私は今でも、サマルカンド(2)やバルパライソ(3)にいたとしても、昼食が済むと、信者たちのたえまないざわめきか、さもなければ、ムアッジン(4)の声を待つ気分になる。カトリック教会のいたけだかな鐘の音も聞いた。その強烈で、憂鬱な響きは、その鐘楼の醜さを忘れさせるほどだった。あの鐘の音は、シナゴーグでのユダヤ教信者の祈りの声と同じく、今もはっきり耳に残っている。あえぐように、たたみかけるように、執拗に繰り返されるその祈りが何を言っているのか、《神》も、僧侶も、信者もわかるとはとうてい思えなかった。子供の頃のこうしたすべての音は混じりあい、絡みあい、一つに溶けてしまった。私の耳に今聞こえてくるのは、それらの別々の音ではなく、たがいに響きあう、一つに総合された和声だ。それは私の無意識に、教育や教養よりもずっと生々しい痕跡を残している。こうした宗教世界はすべて、ただその音によってのみ存在していた。だから、初めて「物静かな」プロテスタントの存在についての話を聞いたとき、この不思議な聖職者たちは私の家族と何か共通するところがあるのだと考えた。実際、両親が大きな声を上げるのを聞いたことがない。いっぷう変わった地中海人、支配権をもつ私の姉は叫び声を下品だと思っていた。

ユダヤ人としての私の幼年期は、その雰囲気も時間も一神論の三つの信仰の儀式と祈りに浸透されていたと言える。当時の私は、少なくとも十二歳になるまでは、これらの宗教が同じ父をもつとされていることを知らなかった。アブラハムの息子たちの関係は、私に自分の兄弟たちとの関係をそのまま思い出させるものではなかった。私の体の中ではさまざまな響きの融合が生じていたとはいえ、同時に私は、これらの共同体同士を分かつ緊張を感じてもいた。この祈りのための三つの場所は、子供の私の目にはただ一つの魅力しかもっていなかった。まわりの庭でその甘い香りをかいで楽しんだスイカズラと、その実をかんで、芯を山吹鉄砲の弾にして遊んだエノキだった。私にとって最初の不条理の感覚は、カミュと違って、世界の美しさと人間の苦しみとの間に見られる分裂から生まれたものではない。とりわけ冬になると、アトラス・テリアン(5)の雪を冠った頂の下、一月の最も厳しい季節にのみ水が流れて、溢れる枯れ川、エル＝ケビールに沿って見える空は、しばしば豪華と言いたくなるほどだった。当時、女たちは散歩するとき、正午の太陽の日だまりに集まる、びっくりするほど多い乞食に対して、自分たちの若さの勝利をこれ見よがしにひけらかしていた。いや、不条理はむしろ、それぞれの宗教共同体が愛を口にしながら、憎しみで行動していたことから生じた。とにかく、排斥があった。

私は自分の宗教と他の子の宗教とを同じようにみなす態度を身に付けていたから、いろいろな信仰を理解したがるとか、違う宗教に好奇心を抱くという傾向はまずなかった。それに、これらのどの宗教でも、信仰心が内から発してこちらに伝わるように見える、本物の信者にはたまたま出会わなかった。むしろその反対だったと言っても、言いすぎではない。日曜日の教会から出てくるのは、冷たく、気取った夫婦ばかりだった。金曜日、モスクの側を通るときは、その中には陰気で、疑り深い人たちが隠れているような気がした。貧しい人や障害者を大勢迎えていたシナゴーグについて言えば、私は土曜になると、まるで盗賊団の中にでも投げ入れられた思いだった。ユダヤ教信者が体を揺すって聖書を読む習慣――あるいはイスラム教徒が何度もぬかずく習慣は人に強い力を与えるものだと思おうとしたが、うまくいかなかった。ただ、イスラム教徒が両方の手のひらを空に向かってさしのべるしぐさや、キリスト教徒の若い女性がベールをかぶり、教会の奥深く、ひざまずいて両手を組む光景には心打たれた。

こうした祈りの場所のどの近くにいても、私を差し招く明かりにも、まして私に呼びかける明かりにも出会わなかった。もっとも、「自由思想」の使徒たるロリュロ神父（還俗した）の、教権主義に反発し、憎む気持ちの激しさに、少年の私はたじろいだが、彼にわれわれの心を導いてくれる能力があるとは、なおさら思えなかった。《神》の眼差しの下に生きているように見える、威厳と落着きのある人間にやっと出会うには、私は自分の家に帰らねばならなかった。その人間とは私の父であり、彼は決して体を揺すったりはしなかった。不動の姿勢でとりなしの役をする家長だった。なんと威厳があったことか！　彼が市場に通じる小さな通りを散歩すると、商人たちは帽子を脱ぎ、若者たちはもっていた煙草を背後に隠し、貧乏人たちは彼の手を取って口を当てたものだった。私の世界で彼と肩を並べるのは難しかった。彼が不在のときには、《神》もまた姿を消し、そうすると、私には天国も少年を守ってくれる盾もなくなった。

ところで、中学校の外に出て町中に行けば、すでに述べたように、プロテスタントがいた。彼らの教会堂はあまりに地味で、目立たぬものだったから、気づかずにその正面を通りすぎることさえあった。まだ若い歴史の先生で、生活のために一時、聖職者の仕事を中断して、教えている人がいた。この人はわれわれの関心や理解力などおかまいなしに、プロテスタンティズムの使命の話をした。その使命とは、フランスにおいて、《大革命》とキリスト教とを和解させることであり、これまでいつもカトリック教会がフランスの二つの勢力の間の和解を妨げてきたのだ、と彼は言った。宗教界にあって、プロテスタントは啓蒙思想と政教分離の保証人である、と。なるほど「自由な信者」は、「自由思想家」[6]と対立するかもしれないが、「改革者イエス」[7]を神格化した者たちよりも聖書の民に近いということだった。今になってジャン・ボベロを読むと、この若い教師が夢見る教育者だったことがわかる。

われわれはサン＝バルテルミー[8]やナントの勅令[9]の廃止がどういうものだったか知っていた。プロテスタントとユダヤ教徒は同じように少数派で、迫害を受け、その後、同時にルイ十四世とマルゼルブ氏[10]の配慮の対象となり、それから《大革命》によって解放されたものと思っていた（思いたかった？）。

私はプロテスタントの家系の役人の二人の息子と友達になろうとした。信頼できる連中だという気がしたのだ。彼らは控えめで、最初、私が近づくのを拒んだ。その後、私を自分たちの自由の世界に受け入れることになる。私は彼らがいつも正しい側にいるように思い、しばしば彼らに頼ることになる。正しい側にいれば、中傷と攻撃を受けやすいのだ。

中学校には、あらゆるセクト主義の代表者が集まっていたと言える。さらにあらゆる人種差別の代表も。おまけに、刑務所のような秩序が厳しく守られていた。とはいえ、休み時間さえ軽やかには過ぎない、この重苦しい兵営にも、あのプロテスタントの教師の他に、何人かの「人文学」の先生がいて、ルソーやベルナルダン・サン゠ピエール[11]の純粋な博愛の心とか、サン゠ジュスト[12]の暗い高潔な精神などを説いていた。モンテーニュとモンテスキューの思想が時折壁に掲げられた。それらのことばは私の記憶に今も刻みこまれている。さらに、というか、とりわけ偉大な文章、偉大な詩、つまり芸術があった。私の目標はそこに到達することだった。自宅を出て、公立学校という、この世俗の寺院に入るとき、これから模範的な人々に会うのだということを知っていた。行動の選択にさいして参考にすべき人、ある方向に導いてくれる人、権威はあっても、拘束せず、私の学校時代に、「義務も制裁もなく」と呼ばれていた道徳を実践していた人。よく考えてみると、これはうまい表現だ。自由をうちに含み、かつ恐怖から解放してくれる。このような趣旨の道徳は、もうニーチェが派手に非難した、あの罰に対するみじめな怖れでも、ベルナノス[13]が告発した、あの体制順応主義でもない。この学校には女の先生が一人と、少なくとも男性で二人、絶対に《神》の話をしない教師がいた。われわれは彼らが教会には行かないことを知っていた。そのために批判されているという噂を聞いていたのだ。彼らはごくさりげなく、一言もそれに触れなくとも、ゆるがない、ピューリタン的な寛大な精神、義務についての、厳しくも、また軽やかな感覚をわれわれに伝えることができた。まるですべて明白であり、自然に定まっているかのように。

こうした人たちは変わり者だが、堂々とした教育者たちだった。彼らは市民にその義務を思い起こさせると同時に、その権利を守ることを心がけていた。名誉と祖国にかんする自分たちの感覚を、教会にも、軍隊にも、どんな権力にも、絶対に譲り渡しはしなかっただろう。このような気質は、時に新しいタイプのオメー(14)〔プチブル的俗物〕の社会、あるいはルイ・ギユー(15)の小説『黒い血』で、サン＝ブリウー高校のクリピュール教師を押しつぶした社会を生み出しかねない。しかし、私の場合は、逆に、《神》は人々の心の間をさまよい、さすらうものであり、かならずしも人間が待っている場所にはいないことを明らかにする役割を果たしてくれた。

のちにカントの「定言的命令」という概念を学んだとき、私がこうした例外的人物、《神》なき人間、世俗の聖者のことを考えたのは、偶然ではない。彼らにとって、物事は単純で、力強く、必然的であった。第二次大戦中、ついで植民地解体の激動のさなか、私はこうした人たちの何人かと接した。彼らはしばしば異なる陣営に属していた。それぞれの陣営の中で、彼らは同じ厳しさを見せていた。集団の情念に抵抗はしなかったが、その情念の流れに棹差しながら、ある個人的立場を守りつづけた。パリに来て、私はアルベール・カミュと、つい最近、うれしいことに、その「セヴェンヌ三部作」が再刊されたアンドレ・シャンソン(16)の庇護を受けた。一方はカトリック、他方はプロテスタントの家に生まれたこの二人の人物は、私の少年時代の無名のヒーローに似ているような気がした。

だから、教会とか、信仰の外にいても、おそらく《神》から遠く離れていてさえ、さまざまな神話に育まれ、さまざまな宗教に親しんでいるなら、統一ある自己を確立しうる。結局のところ、現代の中世史学者は日々そのことを証明している。ジャック・ル・ゴフ[17]はミシュレほど有神論者ではないし、ルナン[18]ほど理神論者ではないと私は想像する（知っている）。実際、私の成長期のこれらの無名の教師たちは、ポール・ベニシュー[19]が『作家の聖別式』で見事に、深く掘り下げて描いた、あの伝統の後継者だった。この『近代フランスにおける世俗の精神の力の到来にかんする試論』にはまたあとで触れる。いかにして十七世紀の「文人」がオネットム〔教養人〕に、フィロゾフ〔啓蒙思想家〕に、ついでモラリスト〔人生論作家〕、そして最後に知識人になったか。いかにして彼らはみな「世俗の聖職を探求」したか。いかにして彼らはカトリック教会の外部で、《自然》、《人間》、《祖国》、《義務》に宗教性を、また宗教をさえ盛り込んだか。いかにしてこれらすべての大問題の総合が道徳に変身しえたか。私は早くからそれを生活の中で体験したが、理解したのは、ずっとあとである。

とはいえ、私の体に残された刻印は、やはりそう小さなものではない。それは聖なるものの感覚を長いこと培ってくれた。宗教性の美学には偶然が大きく作用する。もし私のなじみのシナゴーグがプラハやトレドのシナゴーグに似ていたとしたら、もし私のなじみのモスクがグラナダやダマスカスのモスクに似ていたとしたら、もし私のなじみの教会がセナンクの僧院[20]を思わせるものだったとしたら、芸術に与えられる最高のご褒美としての超越性の光を見出して当然だったろう。基準として、簡素な建築の見本ばかり挙げたが、祈りを始める気を起こさせ、祈りを守ってくれるのは、バロックのけばけばしさではない。私は聖なるもの、あるいは悲劇的なものを求めて、ヴェネチアに行こうなどという気にはならない。間違ってもそんなものがそこにひっそり隠れていないことを知っているからだ。ロマネスク様式の小さな教会か、あるいは、ブルゴーニュのゴシック様式のほうがいい。トゥルニュ[21]やヴェズレー[22]にあるような教会。タイルの天井や格天井ではなく、丸屋根やアーチ型天井がいい。とりわけ、子供の頃の私なら、何にもかけがえのない人の回復を願うために、そうした場所に駆け込んだはずだ。残念ながら、そういうことは起こらなかったが。それでも、強烈な美的感覚はたえず私を聖なるものから宗教的なもの、諸文明の基にある、あの「起源神話」へと連れ戻す。たとえその途中で、教条主義に陥ることをいつも恐れているとしても。教条主義というのは、われわれが受け継いできた、豊かだが苦しみに満ちた人間の経験にも、偉大な神話の精神にもふさわしくない。

この最後の一節を読み直して、そこに含まれている真実よりも、文章の自然な流れに導かれて書いてきたことに、ふと気づく。神話というのは、時に社会の礎となるが、だからといって、いつも憎しみを配ってまわることに変わりはない。もう一方で、私は他の子供たちより少し早く、《悪〔不幸〕》の問題を考えなければならなかった。六歳のとき、母がてんかんの発作に苦しむのを見た。十歳のとき、彼女の病気は、私を生んだ際に始まったのだと教えられた。良いことを望むなら、悪いことを我慢しなければならないとか、不幸は原罪に由来する罰か、《神》がわれわれを不幸から救い出して、自分の存在を現すために自らに与える機会であると見るべきであるというような、くだらないたわごとは、どれもこれも私を宗教から遠ざけ、反抗して逃げ出させるばかりだった。その後、私は《悪〔不幸〕》の問題を移し替えて、脱宗教化し、暴力の問題として考えた。もし暴力が《歴史》の一部であるなら、もし暴力が《歴史》の生みの親であり、その進歩の条件であるなら、もしすべてが《神》の無関心な眼差しの下で起こる――時折、神が預言者に語りかけたり、自分の息子を遣わしたりするのを除いて――のなら、もし本当に、無神論的、あるいは新式の便利な言い方で不可知論的ヒューマニズム〔人間中心主義〕に立てこもらなければならないなら、もしそうなら、この人間とは何なのかを知ることがやはり必要だろう。

その後、ある旅行が、それまで私があちこちで取り込んだ、さまざまの矛盾した印象の全体を結晶化することになる。他の多くの国と同様(当時は他の国以上に)苦難のさなかにあった国、レバノンへの旅行だった。この国には、一神教から生まれた諸文明の最も洗練された精髄が、実験室の役割をする、一種の閉ざされた空間がある。この小さな国で、他のところでと同じく、いやそれ以上に、人々が機銃と爆撃の喧騒に動ずることなく、同じ《神》に同じことばで助けを求め、同じ表現の同じ儀式を行い、その次に狂ったように、猛烈にののしり合うのを聞いた。この国で処女マリアと預言者マホメットの名において行われること、彼らの伝言として、十字軍のように彼らの名を掲げて行われることに、私は心底、恐れ、おののいた。

ドストエフスキーはイワン・カラマーゾフに、人が己れの隣人を愛することができるのはいつも不思議に思われると言わせている。イワンは、自分なら遠くの人間はまだなんとか愛せる、いやそれも怪しいと言う。彼は大審問官に賛成し、キリストに反対する。レヴィナス(23)から見てさえ、《望まれるもの》は時に《望ましくないもの》である。ルネ・ジラール(24)は、隣人、近い者は、しばしばモデルであり、ライバルであり、したがって敵であると言う。さらに一歩進めて、あれほど隣人を自分と同じように愛するようわれわれに好んで勧める、どの一神教も、隣人は一番愛しにくいことをあらかじめ知っていたのではないか、と私は考えた。レバノンでは、いたるところにその証拠が見られた。兄弟殺しほどひどい戦争はない。対立する兄弟は、最も激しく憎みあう。人は好きになれるものしか本当に嫌いにはなれない。よく知っているからだ。その時、愛とはたいへんな規律、たいへんな自己制御の成果である。アブラハムの息子たちにとって、自分の分け前として与えられたとされる愛を分かつよう勧められるよりは、本来自分に与えられていない愛を勝ち取ることが、本性なのかもしれない。おそらく、それが人間であるということなのだろう。だから、私はアンドレ・フロッサール(25)とともに、アブラハムの息子たちは自分たちが兄弟であることを思い出すべきときだと言うより、むしろ彼らにそのことを忘れてもらいたいと願う気持ちに傾くことがよくある。

　兄弟殺しの宿命についてのこうしたペシミズムは、一神教だけに特有のものだろうか。ギリシャ学者で、当時、コレージュ・ド・フランス教授だった、ジャン＝ピエール・ヴェルナン(26)は、私がレバノンに出発する前、ギリシャにかんする本を読むよう勧めてくれた。そのおかげで、神々がたがいに戦うとき、彼らは人間どもをそっとしておくのだということを、私は知った。これは洒落であるが、碩学の合理主義者の洒落だ。彼はキリスト教についても、イスラム教についてもよく知っていたから、アテネとエルサレムの対比をかなり無意味なものとみなし、《神秘》を必要とするすべての者が歓迎した、あの「宗教回帰」もまた蛮行に行き着きかねないと判断していた。ヴェルナンは、「異教の本質」がニーチェや、ハイデガーや、アンチ・キリスト、ナチズム、ボルシェビズムに基づいてのみ評価されることに、うんざりしていた。

例えば、イランのシーア派(27)の運動の劇発を前にして、この学者は私に言った。気を付けたまえ、偏向と思われるものにだけ接しないように、根源にまで向かうようにしなさい。このような形で唯一神を人々に押しつけるとき、かならず全体主義的《絶対者》が復活し、支配することになる。《神》は単に信仰の現象としてではなく、とりわけ文明の現象としてとらえるべきである。この《神》の崇拝について言えば、われがちに崇拝を競いあい、なんとしても《神》を独占しようとするから、結果として対立が生じる。狂信者の特権として、《絶対者》つまり《神》との自己同一化があるのだが、この《絶対者》を求める困難な道には、さまざまな対立が生まれる。なぜなら、みなが「唯一なるもの」について、あるいはすべてを捨てて「唯一なるもの」の中に入ることについて、同じ見方をしてはいないからだ。

私はレバノンのどの街角でも、どんな動きを見ても、またどんな話を聞いても、この予感が正しいことを知った。帰ってから、私はこのことについて書くことができなかったし、その気もなかった。目にしたことの背後には、考えるべきことがいくつもあり、問題を掘り下げるには時間がかかると感じていたからだ。もちろん、レバノンについて言えることは、他の国々にも言えるだろう。わけても、イスラエルとパレスチナの場合がそうだ。その両方で、私は断絶よりもはるかに多く、さまざまな人々との誠実な関係を維持していている。

レヴィ＝ストロースの今や古典的作品、『悲しき熱帯』の最終章で、著者は異国的交響曲のアレグレットの長い最後の考察をめぐらせたあと、神話として体験された諸宗教の価値の比較ではなく、現代西欧の基準で見た、それぞれの道徳的完成度について自問している。とりわけ仏教とイスラム教を取り上げ、この両者の特徴の一つは普遍性についての自負であることに気づく。そこで、レヴィ＝ストロースは、この二宗教の片方が自己の目標に近づくにつれて、次第に独断的、党派的になりつつあることに注目している。それはイスラム教である。レヴィ＝ストロースは、仏教は人が仏教徒であり、同時に、なんであれ他の者でもありうることを完全に受け入れることで、この根本的な危険をうまくかわしていると判断する。

普遍主義に不可避の偏向にかんするレヴィ＝ストロースの指摘に、選抜という、同じように重要な考え方を合わせて考えてみてもいい。暴力は、無差別、無分別なものになりかねないが、ある人間、あるいはある民族が、ある《神》の使徒、《恩寵》のしもべ、《歴史》の代理人、あるいは世俗の権力であるという自覚をもつと、たちまちその人間、その民族にとりつく。実際、人類の二つの時代を比べてみると、実に鮮やかな対照が描ける。《預言者》の時代、神から権利を授かった君主たちの時代のように、自ら神を代表すると主張した時代と、同じ普遍主義的表現を使えば、フランス革命下であれば個人を、マルクス主義の遺産では《歴史》を代表すると主張したもう一つの時代との対比だ。こうした主張には選抜という概念が含まれている。どんな民族でも、自分たちが選ばれたものであると思ったとき――このことばの元の意味と矛盾するが、すべての民族が自分たちはそうだと思っている――、ある集団、ある個人が自分は選ばれたものであると思い、《神》、民族、《歴史》と特別の契約を結んでいると思うとき、そのときから、専制独断が始まり、イデオロギーの帝国主義、物理的抑圧への誘惑が生まれる。聖書の注釈学者、とりわけユダヤ教の注釈学者は、選ばれた者には特権以上に義務があると言って、うまく切り抜ける。また、選ばれた者が周期的に罰を受けるのは、彼らが選ばれたものであることを忘れるから、自分たちの特権ばかり考えるからであると言う。だが、聖書の中で人々が思い描く選抜と《神》のしもべが現実の生活で体験する選抜との間には、他にはありえないような深い溝がある。《選ばれた民》に課せられたこの壮大で、悲壮な使命に、私はつまずいた。多くの緊張と苛立ちで一杯の冒険を前にして、どうしてよいかわからない。この使命を文字通り尊重すべき（証人か聖職者になるしかない）なのか。そうなると、私は自分をはじめとして、そんなことは人間には不可能だと思った。それとも、この使命となんとか妥協する方策があるのか。その場合は、この不可能な使命の代価（迫害）は、私には自虐的で、ある意味では誤りであると思われた。(原注)

原注　本書第5章「《神》に選ばれることの恍惚と苦役」参照。

こうした確認、つまり、一神教の遺産とその分割、自然としてではなく、征服として考えられた愛、普遍性への使命に対する批判、選抜の概念の再検討を理由に、私がすでに宗教への異議申立ての側に立っているとは、考えないでいただきたい。ファシスト、ナチス、ボルシェビキたちはみな無信仰だったから、彼らの蛮行への加担は宗教的狂信よりもさらに血なまぐさいものになったと、私は考えざるをえない。真の敵は、全体主義の絶対主義である。それもかならずしも一神教あるいは多神教が全体主義の形をとったものに限らない。この悲壮さにあふれた時代において、私はあくまでも大いなる問いかけを続けるつもりだ。その努力をあきらめることなど、考えもしない。宗教の面でもあきらめるつもりはない。そういうわけだから、私は自分について、信仰なき者の中の最も敬虔な者であると言うのを常としている。その意味は、私は超越性を定義しようとも、ある宗教に入ろうとも、宗教の習わしに従おうとも思わないが、それでも、人間はつねに宗教的拠り所をもった、ある環境、ある伝統、ある集団的行動形式の中に組み込まれていると確信している。

問題は、それぞれの一神教がこうしたあらゆる行動形式をたがいに補い合い、平和的なものにすることを期待しうるかどうか、ということである。ロジェ・アルナルデス[28]は、フェルナン・ブローデル[29]がその《地中海》にかんする著作のために依頼した章において、息子同士、兄弟同士の、まぎれもない憎悪の論理を排除することができなかった。彼によれば、三つの一神教は、ハディース[30]による信仰が《神》、《天使》、《聖なる書》、《神の使者》、《最後の日》、善と悪とがあらかじめ定められているのを信じることにある、という事実について一致しうるはずだという。しかし、《聖なる書》も《神の使者》も、それぞれ同じではない、というか、同じように理解されてはいない。

「キリスト教徒にとって、《神》は己れの神秘を啓示してくれたのであるから、圧倒的な超越性の中に純粋意志として現れるこの神(イスラムの神)には満足できなかった。一方、イスラム教徒は、《三位一体》と《キリストの受肉》を身震いして否定した。ユダヤ教徒は、抽象的観点では、コーランの教えを受け入れてもよかったように思われる。ユダヤ教とイスラム教は深いところで似ているし、《聖書》の《神》はコーランの《神》と多くの共通点をもっている。しかし、イスラム教徒はイエスの預言と、彼の処女懐胎を認めるのに、ユダヤ教徒はこれを受け入れられなかった。何よりも、イスラエルの息子たちはコーランを、自分たちの歴史をほとんど盗んだに等しいと思った。たしかに、アブラハム、イサクと、ヤコブ、十二の部族、モーセ（コーランの中で二十四回以上引用されている）が登場する。しかし、これらの《族長》たちとモーセの活動は、イスラム教ですべての《神の使者》がなしうるものに限定される。彼らは《神》の唯一性を説き、服従を呼びかける。［……］イスラエル人は、《預言者》をさずかった他のすべての民族のうちの一つにすぎない。」

わが神父たちの信仰としての宗教から教養としての私の宗教へ、どのようにして移行することになったのか。これまでしばしば述べてきたように、私はギリシャ的奇跡と、ユダヤ教的神秘と、キリスト教的驚異の中で育てられた。今これに加えて言うべきは、私がイスラム教の信者たちを結集させる、あの不可思議で、強靭な、自らを犠牲にする力の光景に無関心ではなかったということだ。それは、被植民者のアイデンティティを守るときには、御しがたい力となり、十字軍と解放のときには、すべてを打ち壊して征服する力となり、《預言者》の継承をめぐる対立を仲裁すると主張するときには、盲目的で、自殺的な力となる。ルイ・マシニョン[31]は、イスラムは信徳を、イスラエルは望徳を、キリスト教は愛徳を体現したと述べている。これら三対の神徳の一つを他の二つから切り離すことは、彼から見れば、一神教を台無しにすることだった。そして今、私は生きる願望、宗教的願望は、ただ《神》を願う心の中にのみあって、《神》そのものにはないと思う。そういう願いこそ人間にとって不可避の宗教なのだ。

宗教にかんする、あるいは神にかんする問いは、はっきりと表現されている場合でも、そうでない場合でも、やはり自己にかんする問いである。私としては、自分が本当に神を求めたことがあったとは言えそうにない。本当はすでに神を見つけたのに、自分でわからなかっただけだと、よく言われたのではあるが。今でもよく覚えているが、夕食後の語らいで、私がエジプト人はそれほど背徳的ではないという意見を述べたとき、家族はびっくりした。エジプト人はアブラハムの妻、サラに色目を使ったことを悔いて、アブラハムにさまざまな富と恩恵をふんだんに与えた。しかも、アブラハムは自分でサラを妹だと紹介したのに、というのが、私の意見だった。贖罪の日に、ヤハウェが延々と続く、無条件の献身を自分だけのために要求するのに、私が驚くと、みな微笑みながら、私が反抗せる預言者の道をたどっているのだと、私に教えようとした。過越《すぎこし》の祭で、同じ神がエジプト人に罰として一回でも、二回でも、三回でもなく、十回も災いを与えて喜んだことに私が不安を覚えると、みな、私には《全能者》との対話に向かう素質があると言った。

その後、ずっとあとのことだが、ある聖職者が私はカミュの弟子であり、「恩寵を受けてはいるが、洗礼の必要ない」者の一人であるとして、私を当惑させた。ヴァリヨン神父である。彼は落着いた、さわやかな人柄で、強い信念の持ち主だった。私が自分はユダヤ教徒として洗礼を受けている人間だと指摘すると、それは自分よりも有利な点だ、イエスと共通点を持っているのだから、と答えた。彼はしばしば誇張した言い方をし、その点を認めることもあった。私は彼とさまざまな暗黙の合意を交わしているような気がして、当時はそれが窮屈な思いを感じさせた。こうした彼の見方から、私は奇妙な方向へ向かっていく。イスラム教の力は私を宗教問題へと引き戻した。キリストの教えを知ると、私は彼の出自がユダヤ教徒であることについて考えざるをえなかった。アンリ・ギユマン(32)が《ヨセフの息子、イエス》と呼ぶ者の《受肉》という、驚くべき冒険の前で、私は長いこと立ち止まったままだった。私はまず考えた、神は悔悛する方法として、彼の息子を送って人間の苦しみをともにする以外のことを思いつかなかったのだ、と。次に考えたのは、人間は、自分がどうしても必要としている神を許す方法として、神は人間と苦しみをともにしたいという願いを抱いているとみなす以外のことを思いつかなかった、ということだ。

私はこれまでの人生を日常的なことを行い、つかの間のことを考えて過ごしてきたから、人々は《神》と呼ぶものの、自分では神秘と呼ぶものとの決着をつけたいという、内に隠れた思い、責めたてられる気持ちを、いつもあとへあとへと先送りしてきた。時間が過ぎて行くにつれて、この欲求は強まった。イデオロギーが内部から破裂し――私はどのイデオロギーにも完全に加担したことはなかったが――、宗教への回帰が明らかになったように思われたとき、私はまったく不意をつかれ、身を守る術もなく、頼るべき道具も、暗号解読格子もなしに、現実を読み取らねばならなかった。

私には自分なりの道徳があると思っていたので、道徳を打ち立てる必要を感じた事は一度もない。それは遺産として受け継いだ道徳で、家族と読書の影響が混ざり合って、考えるより先に判断をもたらした。私の内部で、私の周りで、私にかんして、どういうふうにことが運んだのか、いまもよくわからない。たとえば、人から指摘されるまで、家族の間では、セックスの話も死の話も取り上げないことに気づかなかった。こうした話題はいわばタブーであり、禁止というか抑圧の影響は、あとで出てこないはずはない。私の道徳が一つないしいくつかの宗教に由来するものかどうか、よくわからない。私の実践してきた道徳は、暗黙のもの〔内に含まれたもの〕、つまり、自然な行動が含む、というか前提としている道徳だった。私の道徳は、とりわけ、嬉しいときに神様に対して感じる本物の感謝の念と、不幸の根源にある宿命に対する、激しい憤りから成り立っていた。おそらくそれは、地中海的な心の現れ、宿命と裏合わせになっている恩寵と結びついた人間の心の現れなのだろう。そこでは、青春とは一つの祝福であり、幸福とは一つの義務であり、苦しみとは一つの侮辱である。流離とは一つの死、死とは一つのスキャンダルなのだ。

　自分自身と決着をつけるということは、いったいどういうことになるのか。真理と、あるいは《神》と決着をつけることになるのか。あるいは、ニーチェとマルローによれば、人間の心のかくも邪悪な働きをつかさどる、あの喜劇の役割をついにやめさせようとすることかもしれない。それはまた、同じことになるが、自分なりの『方法序説』を書くように導くことかもしれない。つまり、遺産として受け取ったものすべて、教養として身につけ、自然に浸透して身についたすべてのことを検証すること。支配的なものの考え方や集団的な感情への感染の検証。要するに、アイデンティティの探求だ。「私は何を思うか」から、「私は何者か」へと問いが代わる。このような冒険を成功させるには、強い心が必要だ。だから、私はいつもある思想家たちに尊敬の念を抱いた。預言者ヨブ、プラトン、聖アウグスティヌス、さらにショーペンハウアーなど。彼らが他の人々よりも正確に自らの冒険について語っているからだ。しかし、知的勇気という点で、一番大胆だったのは、まちがいなくあのデカルトだ。『叙説』の冒頭部に私はいつも驚嘆する。すべてと断絶し、すべてを再検討し、禁欲にほかならないあの「方法」によって疑うという、あの突然の決意の、なんという無謀さ！　なんという自由！　もちろん、デカルトにこんなに夢中になる前に、まず彼の文章、また彼について書かれたものをしっかり読んでおくべきことは知っていた。とりわけ『叙説』にかんするもの。デカルトは、すべてからの解放といっても、時代の人々の信仰が染み込んでいる言語からは自由ではないことに気づかなかった、として非難されている。ではガリレオは？　ニュートンは？　スピノザは？　ライプニッツは？　ミシェル・フーコーは、コギト（われ思う）からスム（われあり）への飛躍に問題があるとした。エルゴ（ゆえに）が彼には説得力があるとは思えなかったのだ。はまれば一生かかりそうな論争に立ち入ることは控えよう。私がすごいと思うのは、デカルトのやり方、問い直し、白紙還元である。それに、デカルトの真似をしようという、こっけいな野心など、私にあるわけがない。ただ私が明らかにしたいと思うのは、自分が諸宗教から受けた恩恵、宗教から発する光、宗教を狙う狂信と、それに対する私の本能的な拒否の基盤である。とりわけ、今世紀に《神》が果たした役割について考えてみたい。まさにそれが問題だからだ。

第2章　コルドバからマジョルカへ

私がソルボンヌの学生だったとき、哲学史の偉い先生、エミール・ブレイエ[1]教授の最後の一年の講義を聴いた。この年、一九四六年、彼と、もう一人の哲学者、エチエンヌ・ジルソン[2]との間に論争が起こった。ジルソンは、神学に帰るときだと宣言し、ついで、「キリスト教哲学」の構築をめざしていた。

この大学者、エチエンヌ・ジルソンは、キリスト教民主派（フランスではＭＲＰ）のあいだでしだいに重要な政治的役割を演じ、彼の経歴の最後は上院議員だった。彼は、政治的論争に中世の精神を吹き込もうとした。時代はいつもの戦後の常で、幻滅と高揚の間でゆれていた。また、嘲笑——したがって意味の欠落——と狂信——したがって意味の過剰——の間でもゆれていた。ジルソンが選んだのは……。

ところで、ジルソンが彼の新しい「キリスト教哲学」を説いていたのに対して、わが師であるブレイエは、まことに地味で、穏やかで、温厚な人柄で、俗界の喧騒から最も遠いところにいたはずなのに、当時の新聞、『コンバ』に「スキャンダル」を告発する長い一文を送るという、驚くべき決心をした。問題は何か？　ジルソンが結びつけた哲学とキリスト教という二つのことばを、はたして並べることができるのか、ということにつきた。ブレイエは警告を発した。「われわれはかくも後戻りしてしまったのか。トマス・アクィナス[3]は彼の時代に先んじていた。それなのに、彼を引き合いに出す連中のいるわれわれの時代は、遅れていることにならないだろうか」。

ブレイエはさらに明確に述べる。「キリスト教哲学はキリスト教に仕えることしかできない。もし哲学が宗教に仕えるなら、それは神学に他ならない。ところで、神学というのは、まさに哲学の対極にある」。私はあるとき学生として、彼が神学的思考と呼ぶものについてたずねてみた。

彼にとって、オーギュスト・コント[4]の三段階理論が言う意味での神学的時代は重要ではなかった。彼の考えでは、すべては《啓示》とともに始まると考える人々が、このように定義される神学思想に属していた。つまり、《神》のことば、《旧約》、《福音書》、《コーラン》、あらゆる聖典とともに始まると考える人々だ。ブレイエは言った、「ところが、《啓示》が《伝統》になるときから、問題が生じてくる」。《啓示》は《注釈》の対象となる。《使徒書簡》や、《タルムード》や、ハディースのように。そのあと、《権威》、《権利》、《意味》の唯一の源にかんする種々の解釈が伝統になってくる。つまり、《啓示》が絶対のものとみなされるのだ。その注釈学者は絶対に誤りを犯さない学者である。ブレイエが「キリスト教哲学」について考えたことは、今日でも、いわゆるユダヤ哲学にも、イスラム神学にもあてはまるだろう。だからこそ、エマニュエル・レヴィナスは単なる「哲学者」であろうとするのだ。

神学的絶対は、当然ながら、他の者たちの啓示を非＝絶対とみなすよう向かわせる。それはつねに排他的である。だから、聖典の注釈者たちは《神》の唯一のことばを解釈するときでさえ、たがいに相手の解釈を訂正する。どの注釈者も自分が始まりであろうとする。イエスが「人々はあなたがたに……と言ったが、私はあなたがたに言う……」と断言するとき、彼は、断絶を企てている。自分が過去の預言者につながり、みずから継続性を何度も示唆しながら、あえてそうする。《コーラン》には、アブラハムの犠牲を訂正する物語がある。《神》が犠牲に要求した息子は、イサクではなく、イシュマエルだったという。いつも絶対なるものを自分だけのものにし、他者の貢献をより相対化しようとする気持ちが働く。

神学的思考のもう一つの特徴は、律法学者、偉い聖職者、カトリック教会の神父、ウラマー(5)〔イスラム法学者〕が大きな力をもっていることだ。彼らだけが解釈の仕事を引き受けているからだ。注釈学者は、《聖典》に親しく接するというだけで、崇められることにもなる。頼るべき根拠は必要がなく、《聖典》そのものが権威を与えてくれるのだ。かくして、神権を授かった王は崇拝の対象になったが、王の身体さえ崇敬の対象であり、《教会》によって祝福された。こうしたことから、守り手という考え方が生まれてくる。注釈学者は正統教義の守り手となり、《天上》から与えられる権威を身につける。

これと同じ現象が全体主義体制でも広まる。一九五三年に出版された『とらわれの思想』(原注1)という実におもしろい本の中で、のちにノーベル賞を受ける、ポーランドの詩人チェスラフ・ミロシュ(6)は、共産主義国家では、知識人は大魔術師、占星術師、占い師に似ているが、さらに大聖職者、律法学者にも似ていて、当時、神格化されていた歴史の意味を解釈する絶対的権威を得ていた状況を、まざまざと描いて見せた。

原注1　「フォリオ」叢書で再刊（一九八八年）。

このようにして、神学的思考が支配することになる。つまり、「大解釈者」のおかげで、理性の批判的機能が抹殺されるのだ。しかし、こうした偉い解釈者たちも不謬性を主張するわけにはいかないので、彼らには犠牲者を処罰する必要が生じ、それはやり始めると、とまらなくなる。共産主義体制下によく見られる裁判で、なぜあれほど自白が必要とされたのか、長いこと謎だった。なぜ、裁判の責任者はあれほどまでに被告に自己告発させ、有罪を認めさせ、改悛させる必要があったのか。その答えは、共産主義の神話にあっては宗教神話の例にもれず、大僧侶の権威、この場合は検事の権威を確立してくれるのは、ただ被告しかいないからだ。神学的思考では、誤り（そして罪）を認めることで、はじめて真理が確かなものとなる。言い換えれば、神学的裁判においては、他ならぬ被告自身が、自分の罪、つまり「犯罪」に密度を与えることになる。もし被告がそうしなければ、社会を支える秩序全体が揺らいでしまう。被告が自白することで、大僧侶は自分が聖典に忠実であることを保証してもらえるのだ。だからこそ、裁判は魔女裁判となり、かならず自白か悪魔払いで終わることになる。こうして、チェスラフ・ミロシュの表現によれば、思考は「とらわれた」ものとなる。

神学的思考は、自分の好きなときに、気まぐれのままに、聖なる力と俗界の力とをたえずむすびつける能力を注釈者に与える。近年、その効果はめざましいものがある。多くの国で宗教と結びついた民族主義は、神学的思考の形を取るようになった。そのとき、この民族主義は、ここにあげられたその他の特徴にも対応する。ところで、政治的神学というものはありえない。もし権利の源が聖書に由来する、つまり神に発するのなら、この権利を政治的に表現しようとするのは難しい。国家が自分を守るためにあらゆる力をもっているのに、さらに国民の意志以外の拠り所をもつなどということを、どうして認められるだろうか。

こうした疑問が提起される以前から、神学的思考に対する中世の抵抗は、怠りなく続いていた。エミール・ブレイエもエチエンヌ・ジルソンも等しく関心を寄せた哲学者たち、イスラム教徒アヴェロエス(7)（コルドバの）、ユダヤ教徒マイモニデス(8)（コルドバの）、キリスト教徒トマス（アクィナスの）は、三人とも神学者だった。たしかに彼らは《神》への信仰に基づく社会において聖化された秩序と、注釈者たちによる階層序列を守ろうとした。しかし同時に、彼らは、自分たちの時代の神学界の精神に反対していたといえる。つまり、彼らは、《神》のことばをギリシャ哲学と和解させる、というか、両立させるために、その再解釈をしたのだから。ルナンは考えた、イスラム教徒アヴェロエスが人間について、異教徒アリストテレスについて勇敢にも言ったことに匹敵しうる《神》、預言者がどこかにいるものだろうか、と。アヴェロエスはこう言ったのだ。「アリストテレスは自然から遣わされた。完璧さとは、完成とは、至福とはどういうものであるかをわれわれすべての者に教えるために」。当時としては、これほど大胆で、これほど正統に反する考えはなかったはずだ。

しかし、自由神学の三偉人の大胆さを、一人のカタロニアの傑出した神学者があっさりと超えてしまう。今日、マジョルカの寺院の近くにこの人の像を見ることができる。十三世紀の末、最後の十字軍の年であり、聖王ルイの死んだ年でもある一二七〇年、ラモン・ルルス(9)〔レモン・リュール〕は『異教徒と三人の賢者』と題された論考を書いている。一人の「異教徒」（中世においては、無神論者はありえなかった）が自分の死が近いのを感じ、祖国を離れるという場面が想像される。異教徒は、よその国に入る前に、「天国にも似た」道を選んで通る。その先に広大な森がある。彼は三人の賢者に出会うが、それぞれ別の宗教に属していることは知らない。三人の賢者の博識と、信仰の篤さと、彼らの教えのやさしく、しかも深くしみわたる光に、彼の心は安らぎに包まれ、今にも信じる気持ちになる。だがそこで、三人の賢者は、あれほど《神》、《創造》、《復活》の実在性を一致して主張していたのに、実は一人はキリスト教徒、二人目はイスラム教徒、三人目はユダヤ教徒であることが、明らかになる。彼らはそれぞれ、それまでイスラム教徒に占領され、キリスト教徒の再征服をまだ受けていないマジョルカ島で信者をもつ、三つの一神論の大宗教を代表している。そこでまた異教徒は困ってしまい、賢者たちにそれぞれ自分の信仰について、自分のしたがっている掟について、説明してくれるようお願いする。そうすれば、どれが一番すぐれた宗教かを決められると思ったのだ。賢者は一人ずつ、異教徒を説得しようと試み、絶望した異教徒の立場から、公平な判断を下す信者の立場へと移らせる。三人とも最後に結論を出すことはしない。異教徒は判断をひかえる。賢者たちは、真理が「問いかけ」の中にあることを示すために、延々と対話を続けることにする。

「三人の賢者は、とても仲良く、とても気持ちよく別れの挨拶を交わした。めいめいが他の二人に、もし相手の掟を傷つけるようなことを言ったとすれば、お許し願いたいと述べ、それぞれ許しあった。一人が他の二人に、定期的に再会することを提案した。『私たちはこういう議論を続けて、最後に三人とも、ただ一つの信仰、ただ一つの掟をもてるようにしましょう。合意に達するまでのあいだは、たがいに尊敬し、相手のためになるよう努めましょう。というのは、戦争や、苦しみや、悪意や、またたがいに損害、屈辱を与え合う行為こそ、人々がただ一つの信仰で一致することを妨げているのです』。二人の賢者のそれぞれが三番目の賢者のことばを正しいと思い、三人とも喜び合いました」。

この試みは、ピエール・アベラール(10)の試みと同様、「危険なことばによる企て」と言われた。たしかに、ラモン・ルルスがこれを書いた時代では、一つの宗教の真理を他の二つの宗教の批判に委ねることは、危険を冒すことだった。いささかでも、他の宗教の方に分があるかもしれないとか、あるいは、ただ単に、もっともなことを言っているかもしれないと考えるだけでも、危険だったし、たとえ宗教にかんする思考においても、矛盾と、さらには論争も必要になるような態度を打ち出すのは、危険なことだった。ここで思い起こすべきなのは、時代は、もはやイスラム教徒カリフ支配下の自由なアンダルシアではなかったし、トマス・アクィナスのような非正統派の学者でも、一二六四年に『反異教徒大全』を出さねばならないと考えたのだし、その十四年後には、大審問官ラモン・マルティは『ユダヤ教徒に突きつける信仰の匕首』という激越きわまるパンフレットを書いていることだ。だいたい、ラモン・ルルスはカトリック教会から何度も弾劾されている（もっとも、死後、名誉を回復しているが）。それに、彼は、生まれ故郷のバレアレス諸島最大の島に帰る途中の船上で、イスラム教徒から石打ちの刑を受け、死んでいる。

私が最初にラモン・ルルスのことを聞いたのは、コルドバでのことで、そのときすぐに、これこそ私の求める人だとわかった。彼がまず心を傾けたのは、芸術であり、詩であり、女性であり、旅行だった。彼は人生のどの段階でも、どんな好きな対象に対しても、投げやりになったり、物惜しみしたりすることは決してなかった。世界の与えてくれる快楽の空しさについて考え込むよりも、その中に夢中でのめり込む性質の人々をさして、「放埒」ということばがあるが、彼はまさにそういう類の人生を送った。彼は騎士であり、詩人であり、その前は、マジョルカ王、ジャック二世の小姓だった。

突然、十字架上のキリストの幻をまざまざと見て、熱狂的な改宗者となり、「啓示を受けた人」とみずから名乗る。彼は妻子も、宮廷も詩も捨て、全財産（妻の財産も含めて）を売り払い、バルセロナに向かい、そこで哲学と神学に打ち込む。アラビア語を学び、特に、医者であり、哲学者であり、神秘主義者である、イスラム教徒のアヴェロエスとアヴィケンナ[11]、さらに医者・哲学者・神学者のユダヤ教徒マイモニデスの著書を読んだ。当時は異端審問の時代で、マジョルカはよそほど激しくはなかったが、免れていたわけではない。彼は、無信仰の者、ユダヤ教のラビたちと親交を結び、一方、イスラム教の偉大な神秘主義者たちにも学んだ。ラモン・ルルスは探し求める。不安と心の揺れを感じながら、自由と異端の間で。彼には信仰があったが、それでも探し求める。探求をより進めるために、彼は、かならずしも自分と同じ信仰の者のような考え方をしない者との「交際と友情」を必要とする。とりわけ、バルセロナにおける正統派の宗教を体現している者のような考え方をしない者を求めた。

私は、このラモン・ルルス（少なくとも一二七〇年の彼）こそ、この世紀末に当たっての現代のヒーローではないか、と心に訴えるものを感じる。ベルリンの壁の崩壊で、われわれは民族感情と宗教感情の正しい利用法を求める旅へと出発した。その両方とも、植民地の解放、虐げられた者たちの闘い、全体主義の呪いの生き残りに、時に大きな力を与えてきた。勢力を握る死刑執行人は、民族主義も宗教も、自分たちの権威主義的な進歩の哲学と、《歴史》の神格化のために利用することを知っていた。われわれは民族と宗教の解放的側面を残すことができるだろうか。私はラモン・ルルスのようにしたかった。つまり、賢者、人々、テキスト、《歴史》、科学にたずねること。民族については、すでに行った。(原注2) 宗教についても、私はやろうと思ったのだ。

原注2　J. Daniel, *Voyage au bout de la nation*, Le Seuil, 1995.

神学的思考に対する哲学的反応が進む中で、最初は前論理的、ついで野蛮、最後に魔術的と呼ばれた思考に対する拒否が生じた。これは同一性と非＝矛盾の原理に背を向ける思考だった。また、知恵、至高善は、理性と合致する精神の及ぶ範囲内にあるという信念も生まれた。この歩みは次第にデカルトへと導いて行く。デカルトについてはすでに触れたが、彼はコギト〔われ思う〕の危険ではなく、懐疑の大きな危険を背負う。彼は「方法」によって、彼以前に支配的だった、聖なるものにかんするいっさいの解釈を否定する。なぜか。疑いつづけているあいだに、彼は哲学を神学から真に分かつ所以を導き出した、つまり、神学の目標そのものを疑問に付したからだ。言い換えれば、神学は、とにかく神への信仰をうちに含んでいるという事実によって定義しうるのに対して、デカルトの場合の哲学は、彼が方法的懐疑を実践し、仮の道徳を採用している間は、《神》は存在しないこともありうるという考えを受け入れるのだ。そして、彼はそのとき、神学が科学とではないにしても、少なくとも哲学とははっきりと断絶する方向へ導く。まさにデカルトの懐疑の短い冒険の間に、個人の自由は《神》への神学的服従から遠ざかる試みを始めるのだ。

一七八九年の《大革命》は、この冒険を、デカルトがそこに込めたあらゆる保証を取り除いた上で、実践に移す。まさにそのとき、《大革命》によって、つまり、人間が、みずからを主権者に変える決心をし、神から権威と意味と権利を盗み取る決心をしたことによって、一つのドラマが生まれた。それは知性のドラマであり、良心のドラマである。本書でこれからも繰り返し扱うが、人間は、自分が自由の獲得のために死を賭けることができるが、また、自由だけでは足りないことを同時に発見する。いずれにせよ、人は自由だけでは生きられない。そのために、伝統と近代のあいだの論争が、われわれの世界で果てしなく続いているのだ。

アヴェロエス、マイモニデス、トマス・アクィナスという三人の賢者の現代性は、彼らがわれわれに遺産として残してくれた「コルドバ精神」に由来する。この精神にとって大事なのは、彼らが良き神学者であったかどうかではなく、当時の神学の至上命令に抵抗したかどうかである。たしかに、一般的に言えば、彼らは神学と決別し、哲学の王道に入るまでには抵抗はしなかった。そういう事態になるのは、もっと後のことで、十六世紀の学者の仕事になる。しかし、彼らの抵抗の精神は、まさしく、近代と伝統との対話がたがいに排斥しあう「絶対」の並列に姿を変えないようにすべく、今日の知識人を導いてくれる精神である。

ラモン・ルルスは、明らかにさらに近代的である。彼はわれわれの今日的な論争のどの時点にもかかわりをもつ。しかも、単に自由思想の歴史の「進歩主義的」局面に限るものではない。このことには、結論においてまた触れよう。だが要するに、著名なアンダルシア人たちが、アリストテレスの神聖な方法を、彼らの神のために利用することで済ませた（それはそれで、同一の論理が根本的に異なる選択に達することもありうることを示し、決して結果を問題にしないやり方として、立派なものである）のに対して、ラモン・ルルスは、いっさいの判断の停止を受け入れた。実を言えば、決して誇張ではなく、彼は真の寛容の哲学の基礎を築いた。それは、誤りであると思うことを好意的に許容することではなく、自分が正しいと思うことに他人がまじめに異を唱えたら、自分も疑いをもつことである。おそらく、ラモン・ルルスがあれほどのびやかに論理を展開できたのは、三人の賢者たちが、創造主はたしかに存在することを、異教徒に説得することに成功したからだろう。彼らはそのために、暴力は使わなかった。しかし、彼は、このように《神》の存在を定めるところから出発したが、兄弟殺しのいかなる正当化も完全に排除した。三人の賢者のうちの誰であれ、自分が真理を保持すべく「選ばれた」と感じる可能性を否定した。

もし、この問いかけの形而上学の先に、世俗性〔政教分離〕のある形に向かう出口があると言っても、この偉大なカタロニア人の伝言を近代の方に引き寄せすぎることにはならないと思う。同一の《神》についてのいくつもの概念が、都市国家で等しい役割をもつことはない。結局、カエサルのものはカエサルに返し、政治を神学から、世俗の世界を精神世界から切り離さねばならない。だから、ラモン・ルルスを読むとき、われわれは近代の中心にいることになる。

というのは、もしわれわれが後戻りして、なんらかのあらたな理由によって、こうした政治と神学の分離は不可能であると考えるなら、そのときは、神の秩序への宗教的信仰が都市国家の組織を支配すべきであると、判断させられることになる。そうなると、われわれは神権政治国家を正当なものとみなさざるをえなくなる。その場合、一番の問題は、そうした神権政治国家が国内の少数派を——国家の宗教とは異なる宗教を信じる少数派であれ、無宗教の少数派であれ——尊重することができるか、ということだ。

もし逆に、世俗世界と精神世界の分離がわれわれにとってやはり望ましいものであり、また可能なものであると思われるなら、世俗国家の使命とはどのようなものになるかを、考える必要がある。国家は精神的基盤のない政治倫理、超越する存在としての保証人のない権利をもてるだろうか。それとも、この国家はさまざまの宗教共同体の共存を組織するという機能だけをもつのだろうか。そうすると、連邦政府の至上命令、自然法にせよ、自然法の土台の上に作られる社会法にせよ、それがどういうものかを研究することが、必要になる。つまり、《神》なき国家の世俗的道徳は、いくつもの宗教集団からなる社会において、正当で有効なものであるか、ということだ。

世界の純粋な神権政治の例は少なくとも二つある。シーア派イスラム教を奉じているイランと、スンニ派(12)イスラム教を奉じているサウジアラビアである。他にも、あえて言えば、それほど純粋ではないいくつかのイスラム教国家とイスラエルでは、神権政治が一定の民主主義の実践、というか民主主義にいたる試みによって修正を施されている。イランでは、断続的に少数派を迫害しているし、サウジアラビアでは、国家宗教以外の信仰の実践を禁止するだけにしていることが、わかっている。この国家宗教は、神によって定められ、普遍的であろうとするから、不寛容である。この宗教は倫理‐宗教的団結と、さらには倫理‐宗教的純化へと向かう。共産主義全体国家は一つの国家宗教を実践していたと言える。単一政党の司祭のみが《歴史》の意味を解読しうるとみなされていたからだ。

また一方では、西欧においては、イギリス革命、ついでアメリカ革命、最後にフランス大革命とともに、反神権政治への歩みが着々と進んだと言える。《ヘビアス・コーパス〔人身保護法〕[13]》から《人権宣言[14]》まで、都市国家からはっきりと姿を現したのは、神殺しの計画である。国家元首としての《神》の拒否が宣言されたのだ。

明らかにしておくべきことは、これは一神教の《神》にかかわることである。インドは精神世界と世俗世界を分離するのに、西欧風の革命など必要としなかった。ヒンズー教、仏教、ジャイナ教、シーク教の経典のどこにも、都市における人々の生活を厳格に規制するものはない。ユダヤ教のトーラ[15]やカトリックの教義、イスラム教のシャリーア[16]に当たるようなものは何もない。もちろん、だからと言って、デュルケームの言う意味での宗教が、人々の日常生活に深く浸透していない、ということではない。その反対である。

こういう状況からすれば、西洋でもインドでも、一種の世俗性〔政教分離〕が見られると言ってもいい。これは、さらに言えば、古代ギリシャ・ローマの宗教の定義に通じるところがある。アリストテレスにとってもキケロにとっても、宗教は都市のいたるところにあった。しかし、そのどこにおいても、なんら人々を縛りつけるものではなかった。それに、ヒンズー教の聖典のどこにも、聖戦に言及したり、不寛容をそそのかすところはない。それでも、民族国家インドが、いわゆる宗教戦争の調停に当たらざるをえなくなったことには変わりないとしても。

合衆国はしばしばこれと同一の状況に置かれてきた。宗教は国家から分離してはいるが、市民はほとんどみな共同体に組織されている。アメリカ国民は二つの原罪（黒人貿易とインディアンの虐殺）を克服し、また、出発点の悲劇（南北戦争）も克服した。資本主義を奉じる征服者のピューリタン的活力のおかげで、三つの信条、神、法、自由企業を全土に広めた。しかし、アメリカ国民は、突然、自分たちの公共原理が有効性を失うのを見た。人種融合の「偉大なアメリカン・ドリーム」は、共同体間の対立の、無色で中立で、法的な管理に変わっていく方向へと向かい、ついに彼らは、市民の間には共通点よりも相違点のほうが多いのではないかと思うようになった。全員が一致するのは一つの原理、ただ「憲法」のもとでのみ共存するという原理だけである。

フランスにおいても宗教は国家から分離している。しかし、ルイ十六世の処刑とともに、神としての国家元首の死は単に象徴的なものではなくなった。個人は市民として一七八九年と一七九三年にフランスに生まれた。ただし、その完全な成長を見るには、なお二世紀近くを要したが。個人というのは、とてつもない思いあがりから作られたものである。リベルタン〔自由思想家〕、『百科全書』の無神論者、ヴォルテール主義者でさえ、カトリック教会権力に異議を唱えただけで、民衆を信用していなかった。

革命派と憲法制定会議議員が、宗教、出身、共同体、階級から切り離されて考えられた、主権者である個人という、革命的現象を生んだ。共和国は、単に共同体間の調停者ではない。そもそも、共同体は、まったく法律的・制度的な支えをもっていない。共和国は、自由で平等な個人によって表明される民衆の主権の表現である。ところが今や、いくつもの共同体がフランスで復活し、組織を整え、時には、その指導者たちは声をそろえて、あれこれと改革を要求している。こうした流れには、不安な思いが募るばかりだ。その極端で、戯画的な例が合衆国やレバノン、さらにひどい形で、旧ソ連、あるいは旧ユーゴスラビアの領土に見ることができる。われわれは共同体主義の時代にいるのだ。

たしかに、宗教的現実が政治的現実を彩り、潤し、染め上げることは確認できても、だからといって、宗教だけが都市の政治組織に影響を及ぼすのを容認するわけにはいかない。宗教的現実の抜きさしならぬ性格を考慮に入れるとしても、だからといって、個人の尊厳を獲得した人間が作った制度を信仰の指示に従わせるわけにはいかない。

これは近代の大逆説だ。近代は「共同体」を破壊したのに、その後、ひたすらそこに戻ろうとしている。人為的共同体のテーマは、ホッブズからマルクスまでの近代の政治論すべてを覆っている。大システムがよみがえらせる「全的人間」は、英国とフランスにおける法律革命が人間と市民を分ける以前は、永遠の個人に他ならない。公法の分野においてはじめて、哲学者＝国家は、個人性の領域と、レス・プブリカ〔公共のもの〕の領域を区別した。人間に属するのは、諸権利、財産、安全、結社などであり、市民に属するのは、あらゆる市民としての義務である。こうして、《大革命》はアンシャン・レジーム〔旧制度〕の全的・一次元的人間の幻想を捨てた。

私は、ちょうど道徳や宗教に飛び込むように、政治に飛び込んだ世代に属している。当時、厚く重なり、ファシズム、ナチズムの嵐の脅威をはらんでいた雲、世界の一部で猛威を振るっていた飢饉が、その埋め合わせとして、こうしたすべての不幸をプロレタリア革命によって克服できるという幻想が湧いてくるのを助けた。こうした事情から、芸術至上主義の主張は糾弾され、少数者、自分自身、後世のためにのみ書くと言う芸術家・作家は負い目を感じた。革命幻想は、「自分の庭を耕そう[17]」と主張するヴォルテール主義者の信用を失墜させた。あらゆるものが、全人類のために、しかもまず第一に民衆のために、しかも今すぐに仕えなければならなかった。人々は政治にすべてを期待した。すべて政治的であると、みなで決めていたからだ。サルトルは言った。フロベールはパリ・コミューンの弾圧に責任がある、なぜなら、それを防ぐために何も書かなかったからだ、と。

献身と伝道を呼びかけ、希望にあふれた声が、社会主義諸国の間にこだましたし、ついで、中国の文化革命のさなかにも、また合衆国、六八年五月[18]のヨーロッパでも聞かれた。若者は、政治が哲学と宗教にとって代わることを確信した。すべては政治のバイブルの中に要約されていて、人生のどんな時にも、そこに教理問答式の答えが見つかった。おそらく、こうした精神状態は、政治を未来のため、よその国のための計画の中に組み込むことから、つねに生じてきたのだろう。終末論のない犠牲はない。

ここでもう一度思い出しておきたいのは、コルドバ精神と、それよりさらにマジョルカ精神は、批判的理性の抵抗と、多様性の受け入れによって特徴づけられるということだ。それは、《絶対》にまっすぐ通じる道よりも、問いかけの交わる十字路を選ぶ精神だ。その点で、この精神は狂信を避ける。ドストエフスキーの『悪霊』の主人公が、もし神が存在しないのなら、すべてが許される[19]と断言するとき、彼は、僧侶たちが政治にはほとんど興味を示さないこと、彼らからすれば、政治には神の存在、絶対の探求という担保、保証、根底がないからであることを強調している。ドストエフスキーにはあいまいな点があり、自分の矛盾を甘受し、一人よがりで、選択を避けているにしても、彼が他の人々に先駆けて、政治の手段による絶対の追求という論理が何をもたらすかを予知していたことは事実だ。政治は手段の王国であり、一方、道徳と宗教は目的の王国である、という格言がよく知られているが、これは安易で危険な言い方である。なぜなら、これでは、政治の手段を宗教道徳の目的のために利用してもいいというふうに誤解されるからだ。マルクス＝レーニン主義では、共産党だけが国境なく階級なき社会を建設する使命をもっている。彼らはそこで、資本主義者の帝国主義と闘い、個人の開花を未来の世代に先送りするという義務をでっちあげる。そのために、マルクス＝レーニン主義の実践活動は、精神世界と世俗世界の混同、絶対の探求、犠牲の賞賛、特権的エリートの昇進など、大宗教の真似をする結果となった。

実際、政治の優位が目立つのは、部族的、原始的、封建的文明圏、共同体主義が自然な前資本主義的構造としてなりたっているあらゆる文明圏で、混乱が生じるときだ。近代の侵略が個人に役割を与え、自由に意味を与えてくれたとしても、近代は病、苦痛、死との対決をより難しいものにした。そうした文明は、日常の宗教で失ったものを、政治の中に取り戻そうとする。

世界の多くの地域で、天国の絶対と都市の絶対とのあいだで、イスラム教が復活しているのが見られる。アイデンティティや、本来性や、ルーツの神話が人類のノスタルジアにまでさかのぼって、源を求める。神々がすべてを決め、全的人間に呼びかけた時代、何よりも族長制の神々の時代へのノスタルジアだ。

第3章　伝統の策略と巻き返し

《啓示》は伝統ではない。信仰もまたそうではない。啓示宗教の預言者たちは、新しい宗教組織の創設者がみなそうであるように、一つの始まりを作り出そうとする人々である。つまり、断絶を望む。偉大な改革者はみな、既成の秩序と決別すると宣言した。アブラハムは、カルデア人の後継者にすぎなかったのだが、命じられたにせよ、人間のいけにえを止めることにした。エゼキエルが預言者の威厳を得るのは、彼以前の預言者とは違って、未熟な葡萄を食べた者の息子の歯がうくことはないと宣言したときである。集団的制裁の終わりである。ポール・ヴァレリーはめったに叙情的になることのない人だが、イエスにかんして驚嘆している。シモン＝ペトロが死んだ父を埋葬してから、イエスのもとに戻る許しを求めたとき、このナザレ人は厳しく拒否した、「死者は死者に葬らせよ」。これはまた、すごいことばだ。喪、葬儀、埋葬などの伝統の古さ、その神聖な性格の力を考えるなら、われわれもヴァレリーとともに、啓示を告知した人、新しい組織の創設者であるイエスは伝統を憎んでいたと結論せざるをえない。彼は伝統をライバル、敵、自分の下位にあるものとして扱う。また、カトリック哲学者、エチエンヌ・ボルヌ[1]は「原理主義は《永遠なるもの》を指し示す手がかりであるような過去へのノスタルジアである」と書いている。彼は、《永遠の時》の中で行われる《啓示》が、過去の一瞬にすぎない伝統とはまったくなんの関係もないことを示そうとしたのだ。宗教、神性、政治など、日頃、取り替えのきく使い方をしているこうした概念を、まず最初にそれぞれきちんと区別してかからなければ、宗教にかんすることと神性の関係、政治と宗教の関係について、どんな議論をしても実りはない。啓示は《神》の問題であり、信仰は人間の問題である。宗教と伝統、それは都市の問題なのだ。

　信仰が人間のあいだで具現化するには、たしかに、時間の中で展開され、制度として組織され、《教会》という形に変化する必要がある。それが、宗教になることだ。ところが、信仰が神秘思想から、つまり個人の観想から遠ざかり、家長、祭司、預言者、あるいは指導者のような仲介者を要求するようになると、たちまち、この宗教は、自然な流れとして、伝統として固定化される。すると、本来の力のもとになっていたもの、すなわち《秩序》との断絶をなくし、みずから《秩序》と化してしまう。そして《秩序》が硬化症に陥り、弱まり、衰えるとき、改革者が帰って来る。モーセは《黄金の牛》を打ち壊したし、エレミヤは災厄を予告した。「これからはみな隣人に注意するように、また、兄弟を信用しないように。兄弟はたがいに相手を滅ぼすことしか考えていないからだ」。洗礼者ヨハネはヘロデ、放蕩と破廉恥の罪人ヘロデを告発し、自分が犠牲になったあとで、《神の子》が支配することを予告する。シトー会の修道士[2]たちは大修道院に厳しい戒律をもたらす。聖ベネディクトゥス[3]が最初に新しい光をかかげ、修道院を築いたのだったが。ルターは法王庁に罪の赦免で金儲けさせた「免罪符」取引に宣戦を布告する。そうして、《宗教改革》は始まった。

　このように、信仰というものは、魂が《神》と一体化するという神秘思想においてのみ、信仰のままでいられる。信仰は個人の良心の外に出ると、たちまち政治へと堕落していく。たとえ、最初は新しい

《改革》によって社会を組織し、新しい《秩序》をつくるという神聖な主張に基づいていても、そうなのだ。信仰は、《啓示》をくずした小銭に他ならない新しい教義を正当化するときから、政治の妥協策にはまっていく。たとえそのあいだに、信仰が民族や帝国を結集し、統一し、建設し、一つにまとめあげるセメントの働きをしたとしても。《啓示》から伝統に通じる道には、神学思想が閉ざされた構造に取りこまれる危険がたえず伴う。

　結局、宗教とはその出発点において、違反である。宗教は、安心感を与えてくれる秩序の支配権が衰退する時代に、人々が呼び求め、切望するので、そういう時代に現れやすい。まさしく、秩序は「安心感を与えてくれる」。というのは、いかに違反（改革や革命）が重要だからと言って、既成の支配的《秩序》に対する民衆の本能的執着を過小評価することはできないのだ。ゲーテが「私は混乱よりは不正のほうを選ぶ」と、冒瀆的なことばを吐いたのは、なにも偽悪ぶったわけではない。ただ単に時期を間違えただけだ。彼が大事にしたいと言った秩序は、解体しつつあったからだ。だが、彼はそれを知らなかった。ゲーテが恐れていたのは、個々の不正が秩序に無用な混乱を生むことだった。秩序というのは、安定していれば、最後には公正なものになるというのが、彼の考えだった。これは文字通り反動的〔反行動的〕な考えだ。なぜなら、行動はすべて継続性を害し、自然の均衡を問題視すると、まず想定しているからだ。

　こう考えてくるとよくわかるが、人々が懐かしんでいるのは、《黄金時代》とみなされている《世界の始まり》でも、《真理》、つまり《福音》が現れたときでも、《転落》以前の《無垢》や《本来の純真さ》ですらない。人々は安全、合理性、一貫性、継続性を懐かしがるのであり、それをもたらしてくれるのは、伝統以外にない。ついでに言えば、それゆえに、永久革命とか全面的なアナーキーという夢は、すべて挫折するのだ。最初にあったのは、たしかに《ことば》だろうが、なによりも《秩序》があったはずだ。どんな秩序だとしても。最良のものから最悪のものまで含めて。持続と、したがって伝達を可能にする最小限の組織がある。

帝国は、その全盛期には周囲に均衡をもたらす見事な力を発揮するので、帝国が解体すると、犠牲者の間にさえ、失われた均衡への哀惜の念が生じ、決まって記録作者たちを驚かせる。オスマン帝国、オーストリア゠ハンガリー帝国へのノスタルジアは、実に多くの文学作品の題材を提供している。スターリンの死がもたらしたさまざまなヒステリーの場面は、それまでソ連体制の野蛮を正当にも告発してきた人たちを仰天させ、当惑させた。サラエヴォの崩れ落ちた壁に残る唯一の資料は、しばしばチトー元帥の肖像だった。秩序は正しくても正しくなくても、持続して、一世代か二世代を超えると、かならず人々の心に不思議な安心感を植えつけ、それが予見能力を導き出す。シュテファン・ツヴァイク(4)は『昨日の世界』にかんする本の中で、ナチズムの前夜、いかにして人々がわずか数日のうちにそれまで思いもしなかったもののほうへと立場を変えたか、また、なぜ現在と過去にかんするあらゆる嘆きがたちまち消えたのかを説明している。ツヴァイクの記したウィーンの例は、他のどれにもまして参考になる。その社会の秩序がただ外部から脅かされただけだったからだ。ワイマールのドイツの秩序のように、内部爆発を起こしたのではなかった。

伝統というのはつねに、先行する基準であり、たとえ極端な形の革命の下でも、それを完全に廃止することはできない。もちろん、人は秩序を保証する超越性と結びついたものして宗教を考え出すことができる。神権を授かった君主制は、単に絶対王政の確立を目指すだけではない。専制権力は場合に応じてさまざまな形を取りうる。君主制が公認するのは、秩序であり、ヒエラルキー、習俗、時には原則であり、つまり伝統である。

だから、人が超越性と結ばれた宗教を懐かしがるのは、宗教が伝統を正当化していたからに他ならない。それがとりわけ当てはまるのが、家父長制の場合である。家父長制の体質、より正確には女性の地位にかんする体質（女性の役割、依存、家庭と都市での機能分離）だけでなく、飢えや、恥辱、苦痛、死から守ってくれる家族連帯の絆にかかわる体質も、そうだ。社会組織が引き裂かれた理由は、この連帯が失われたことで説明がつく。その結果、孤独が生じた。その結果、宗教生活の古い、さまざまの形態をふたたび求めることになった。

こうした保護を求めるのは、避けられない後退と言えるのだろうか。われわれは普遍的なもの、世界に通じるものを誉めたたえる一方で、地方独自のもの、特有の味を好んでいるが、この分裂状態はかならずしも十分指摘されていない。まあだいたい、思想は一般的なものにかかわり、芸術は独自のものにかかわると言えるだろう。創作者の天分を特徴づけるのは、普遍性を細部の描写で表現することである。人間は戦い、愛においてどのように行動するか、またどんなふうに服を着、ものを食べ、気晴らしをし、そして死ぬのかを生き生きと描き出す。どんな迷信に基づいて行動するかについても同様だ。旅立つ者の足元にかける一杯の水（寄せ返す波のように、この水は彼を呼び戻すものと思われている）。男の子の誕生を願う気持ち。自分が死ぬときに、目を閉ざしてくれるのは、男の子なのだ（保護者の保護と保護される者の継続を確保する行為）。不幸をもたらす塩（塩は天の贈り物である。これを誰かにあげることは、それを受け取る者を独占者にする）。カンビオ〔交換〕のお祈り（自分の命を危険な状態の病気の子供の命と引き換えに捧げる）。われわれの日常生活にひんぱんに現れるさまざまな儀礼について言えば、特に復讐とか死者崇拝にかんしては、いっそう人目を引くものになる。羊のいけにえをあまりに薦めすぎると批判した弟子に対する孔子の答えはよく知られている。「おまえは羊が好きかもしれないが、私が好きなのは儀式だ」。儀式と儀礼こそ、家父長制の土台をなしており、また、われわれの社会があれほど懐かしがって求める安全の基でもある。芸術家はことばや音や、石や色で秩序と均衡を描写するが、そのやり方は嵐が秩序と均衡を破壊するのと同じだ。芸術家は見せるが、考えはしない。違反を犯して最も大胆な形式に踏みこむことがあるとしても、そのとき、心ならずも最も従順な形の伝統の中に組みこまれている。こうしたたえざる弁証法、均衡と不安定、秩序と混乱、伝統と革命、芸術と思想、個別性の神話と普遍性の賛歌の間の弁証法の中で、文明は生み出されていく。

ソ連、イタリア・ファシズム、ナチスの新しい秩序の根源に、《啓示》も超越性もありはしない。しかし、「新しい人間」を創造する必要性に対する共通の、強い信仰がある。それゆえに、この三つの国における運動は「革命的」なのだ。みな伝統と断絶した。どの国もそれなりに近代のある型を具現している。しかし、ソ連と中国は、民衆に安心感を与える新しい伝統を確立するのに必要な時間をもてただろうか。

この二大強国において、他のどこよりも、他のどの時代よりも、宗教的な形をとった、荘厳華麗な世俗の儀式が復活し、花開いた。死者崇拝、聖者と化した英雄の崇拝、民族救済の運命への信仰、神秘的民族主義、自己犠牲の賛美。ジュール・モヌロ[5]によれば、共産主義の哲学的モデルとしては、イスラム教が考えられるという。それほど、ボルシェビキとイスラム原理主義者では、服従への要求、いっさいの批判精神の放棄で一致している。たしかに、スターリンと毛沢東に捧げられた崇拝がどこまで極端な形をとったかは、よく知られている。ポール・エリュアール[6]やパブロ・ネルーダ[7]の書いたものを読み返すと、仰天させられる。「フランスにおけるマオイスム（毛沢東思想）は、政治体験というより、宗教上の啓示体験と考えるべきだ」と書いたのは、クリスチャン・ジャンブレだ。ジャン＝ピエール・ルダンテックはといえば、さらにその上を行って、今やプロレタリアートの素朴な光を新たな率直な気持ちで受け入れ、心安らぐこの階級との熱い連帯感を感じるには、何も考えずに頭の中を空っぽにすべきことを、ついに確信するにいたったと告白している。はなはだ残念に思われるのは、こうした告白がもっと明晰な形をとっていないこと、また、改悛した者が冷静に自己を分析するより、自分を鞭打ってばかりいることだ。というのも、これからのわれわれにとって重要なのは、全体主義や原理主義を暗示することばの裏に隠されている、宗教への欲求と家父長制へのノスタルジアを理解することだからだ。

過去の重み、未来の束縛。この二つの誘惑の間にはさまれて苦しんだ社会は、植民地体制の下で産業革命の攻撃を受けた社会である。この社会は、集団としての誇りを奪われると同時に、自分たちの抑圧者の目を見張るような技術力に屈辱を覚えた。ことばの深い意味で疎外され、殖民者の価値観の内在化によって自分自身にとってよそ者となった。よく知られているように、ゴヤは、《共和国》を推奨しながら、祖国を侵略するナポレオンに、知的面であれやこれやと譲歩せざるをえないことに、悔しい思いをした。こうした立場は、自分たちの解放のために戦う第三世界の指導者の立場に重なる。旧植民地の解放者の良心を悩ませた、恐るべき二面性。植民者が戦争、支配と言う形を取りながらも、もたらしてくれた進歩という価値を拒むわけにはいかなかったのだ。

大体において、六〇年代に独立にたどりついた国々は、再発見した本来のアイデンティティと新しく見つけた近代の武器を統合する道を選んだ。いたるところで、ネオ民主主義型の制度と、西欧モデルに基づく発展の選択が見られた。宗教は後退していった。どの国家についても、それぞれ、伝統と革命、しだいに世俗との関連を薄めるイスラム教の実践と進歩への意志がほどよく調和する特権的時期が存在したことがわかるはずだ。マグレブ〔北アフリカ〕三国とシリア、イラク、エジプトは、それぞれのやり方でこの調和の実現に努めたと言えるだろう。

イスラエルでは、少なくともその初期には、のちのアルジェリアと同じく、農民集産主義を打ち建てる努力さえ行われた。また一方で、進歩主義的経験を重ねて、国家の脱宗教化をかなりの程度まで実現したケースもある。たしかにアラブ世界にはケマル・アタチュルク[8]は現れなかったが、エジプトのナセル[9]とチュニジアのハビブ・ブルギバ[10]は、その統治の最初の頃は、自分がそうなる野望を抱いていたようだ。エジプト、シリア、イラク（特にあとの二国は「社会主義」バース党[11]の影響で）では、コーランの掟の解釈は、しばしばきわめて柔軟だった。不倫の罪を犯した女性に対する投石による死刑はなく、泥棒の手を切り落とすこともなかった。イマム〔集団礼拝の指導者〕にも、ウラマー〔イスラム法学者〕にも、本当の決定権はなかった。神は家庭の中に存在していたが、権力には不在だった。ただし、女性の地位にかんしては、たしかに柔軟とは言えなかった。

当時、近代は華々しい威信に包まれていた。まず、近代は、相手の武器をもって植民地主義と戦うのに役立った。ついで、近代が民族主義の野望を実現するのに必要な通過点であることには、共通の了解があった。最後に、近代は、ヘーゲルによって残酷にも反歴史的と命名された民族の《歴史》への参入として体験された。さらにそれにアラブ社会主義が結びつけば、正式の認知が行われたようなものだった。植民地主義は形式的民主主義とキリスト教資本主義の西洋によって考え出され、生み出され、実現したものだ。だから、西洋の保護監督から三度、解き放たれると考えることができた。つまり、植民者に対抗して独立を獲得し、資本家に対抗して社会主義を、キリスト教徒に対抗してイスラム教を打ちたてることであった。

六〇年代は、それと同時に、経済の論理と、民族間闘争、超大国ソ連の解放運動への援助の論理に押されて、西側とヨーロッパがそれまでのキリスト教と資本主義の絶対的優位の根拠を問わざるをえない羽目になった時代である。民族学者たちは、この震源の深い地震を身近に体験して、未開社会における前＝論理的といわれる心性についてのかつての悲しい確認から、いわゆる野生の思考の賛美へと立場を変えた。レヴィ＝ブリュール[12]のいたソルボンヌからレヴィ＝ストロースのいたコレージュ・ド・フランスへと社会学の軌道を通ることで、人々は文明のレベルにかんする垂直的・序列的考え方（ヨーロッパと西側が頂点に位置する）から水平的・平等的考え方へと移行する。どんな社会も、それぞれ固有の構造、伝統、神話を維持するのに必要な集団的自由を少しでも享受させてくれるなら、いずれも同じように価値がある、ということになった。誤解が始まるのは、こうした民族学的社会観が、一方において植民地支配に対する、他方において近代の侵略に対する反応となって表れるときだ。だが、この両者を区別できるだろうか。

なぜなら、植民地主義から解放された民族は、自分たちの部族的というか、封建的というか、いずれにせよ伝統的な均衡が、植民者国家に起こった産業革命の余波によってくつがえるのを見た。均衡をくつがえしたのは、さらに個人の自由とこうした列強の競争の基にある価値観であり、植民地を単一栽培と収奪に釘付けにした植民地条約体制の確立である。サンゴール[13]のような人は、セネガルの詩人・大統領であったときには、「不平等な交換」や「交換条件の悪化」にかんしてきわめて雄弁だった。彼自身がその矛盾を体現していた。これらの民族は、失われた均衡へのノスタルジアと、旧占領者、旧保護者の模範と肩を並べたいという願いとの間で引き裂かれていた——ましてや、彼らはしばしば自分たちの占領者、保護者の教えから自分たちの目標と解放のエネルギーと目標を見定める力を身につけたのだ。ほとんどの場合、これらの民族は、議会制・代表制・共和制民主主義を試みてみようと考え、ヨーロッパが何世紀もかけて、それも大混乱の末にやっと乗り越えた難局をわずか数年で通過しようと苦心した。彼らは民族独立が自動的に人間を市民に変身させるのではないことに気づいたあとで、結局、伝統の欠点と進歩の欠点の両方を兼ね備えた独裁政治に転換し、伝統のもたらしてくれた均衡も、進歩が与えてくれる発展も知らずにいる。

社会主義の道を選んだ、いわゆる「進歩主義的」国々は、強権体制を採用して、満足の様子だった。このシステムは、退行的とは言われていなかったし、西欧に対抗するのにソ連の保護を受けられた。こうした一般傾向に大きな例外はあったが――インドはその一つだ――、アフリカ大陸はこの分析の正しさを証明しているようだ。

あまりに抽象的すぎ、近代主義的すぎ、精神的傷を残しすぎる民主主義を一方で回避しながら、しかしそれでも、進歩と発展の道へ向かうには、どうすればいいのか。マルクス主義は、望外の答えを見出した。例の形式民主主義というマルクス主義的批判を実践するという答えだ。つまり、ヨーロッパ人、またもちろん、とりわけアメリカ人が民主主義を語るときには、意味のすり替えをやっているという理屈だ。見習うべきモデルを求めるこれらの民族にとって、この形式民主主義という鍵概念に対する批判は、ありがたい拠り所である。この概念のおかげで、人民民主主義とか、人民共和制という表現が生まれた。それは、進歩主義的モデルの発展の発見である。この発見が重要なのは、この道を進むことは、同時に偉大な保護者ソビエトの支配する大家族の傘下に入ることでもあったからだ。この保護者はシチリア・マフィアのゴッドファーザーのように、旧植民地国が腐敗と略奪のネオ植民地主義による統治を続ける恐れがあると思われると、すぐに助けに駆けつけることになっていた。こうしてあの第三世界主義が生まれ、ソ連はそれを対外政策の機軸の一つに据えることになる。

形式民主主義に対するこの進歩主義的批判は、われわれのヨーロッパ文化を反対から、裏返しに示してくれる。この形式批判は、われわれの権利に対する批判である。マルクス主義からすれば、権利という概念は、その欺瞞を暴かれねばならない。なぜなら、これは要するに、「階級支配の現実を保証し、隠蔽するための」形式的フィクションにすぎないからだ。個人は自然権をもっていると一七八九年の人間は言った。マルクス主義者は答える、それは認めよう。だが、すぐ付け加える、その自然とはどういう意味か、この魅力的だが、曖昧なことばが何を隠しているか見なければならない。いずれにせよ、個人に自己の能力を発揮する具体的な可能性を与えてやることが必要である。その可能性は、社会権となるべきものによって開かれる。こうした考え方は、個人を神聖視することなく、経済発展を求めて苦しんでいる第三世界にとって、またとない贈り物だった。実際、マルクス主義は人間解放の企てから出発する。この企ては、たしかに形式民主主義の企てよりも本物であり、根源的であるとみずから主張しているが、実は、遅ればせの集団的解放と引き換えに、個人の解放を一時的に放棄することを含んでいる。そうやって心の安らぎを得られる民族にとって、そこには魅惑的な自己犠牲の宗教的側面さえあった。いずれにせよ、闘いは、何世代かの犠牲、階級、政党による一時的(ということだった)独裁を経由する。

こういうわけで、進歩主義的民族——ギニアは間違いなく七〇年代のアフリカの、キューバは中央アメリカの、ベトナムはアジアの典型的な例である——は、民主主義は停止中だが計画中であると考えることで、失われた安心感を取り戻せる気がした。彼らは社会的・宗教的面での、また風俗習慣の面での封建的伝統主義から抜け出したとき、心の拠り所を失って狼狽したのだ。こうした見方は検討してみる価値があるだろう。このあいだに起こったさまざまな揺れも視野に組み込んだ見方であり、その揺れはわれわれの社会すべての揺れでもあるからだ。

アラブ＝イスラム世界には、七〇年代の終わりに、二つの重要な現象の同時発生による大転換点が生じた、と言える。一つめの現象というのは、もちろん、アラブ進歩主義が、アラブ民族の統一を実現することも、ヘブライの小国の残存と勝利からこうむった屈辱を晴らすことも、国の発展と市民の幸福を保証することもできずに、挫折したという明白な事実。しかし、二つめの現象は、ソ連型モデルの崩落である。この崩落の前に、ゴルバチョフ以降のロシアの劇的な凋落が人々の心を動揺させている。アラブ＝イスラム教徒を奮い立たせた二大要因——つまり、アラブ主義と進歩主義——は、突然、根拠と未来を奪われることになる。ところが、この二つの要因は、宗教的熱気と救世主信仰の代替物として働いていた。それが今や、道を塞ぐものはなくなり、イスラム教への回帰を受け入れるのは、まったく自由になったのだ。

この回帰が大学で起こったのは、偶然ではない。チュニジア大学では、数学・自然科学の若手教師たちが、瀕死のマルクス主義、うまくいかぬ史的唯物論のあとに大きな空白が残されていることに、突然気づいた。階級闘争の中に組みこまれている《歴史》の終わりを信じることはもう不可能になったのだ。彼らはユダヤ人や黒人と同じ道をたどることになる。ただし、彼らは仲間たちのあいだで多数派を占め、ルーツ探しの旅を始める。ルイ・マシニョンがよく使う、とりわけイスラム的な概念である、模範的な本来性を探しはじめ、七世紀の《啓示》の中に過去、現在、未来にわたる祝福されたすべての社会の前兆を見るようになる。また彼らは、コスモポリタニズムと近代性の激しさを増しつづける攻撃に立ち向かった。ここには、あらゆる文明、あらゆる神話に共通する黄金時代への田園的、牧歌的、自然保護的なノスタルジアがあるのがわかる。人々がここに神話的側面を見たのは、正しくない。この側面は、マシニョン自身が示しているように、《神》との関係では個人的なものでしかありえず、社会関係を作り上げる力はない。しかし、イスラム教が、現世的宗教として幅をきかせ、アラブ主義も、西欧主義も、マルクス主義も解決できなかった問題に答えるのに、最も有利な立場にいることはたしかである。

大勢の合理主義者がマルクスにならって、民族と宗教というのはいずれも《歴史》によって断罪される現象であるとみなすための努力を延々と続けた。そのあとで、彼らにはよくわかった。もしこの二つの概念が人間の心の中にしっかりと根を下ろしているという事実を受け入れなければ、この世紀末の真実は何も理解できない、と。第一の結論。近代において、個人がおのれの宗教的共同体の中に組み入れられている状況を、あまりにも唐突に、またあまりにも急速に侵すものはすべて、やがていずれは彼の内面に反作用と、さらには退行現象を引き起こす。ここで言う宗教的共同体という表現は、信者共同体という意味ではない。これまで明らかになったのは、ほとんどの場合、人々が懐かしがる宗教的伝統というのは、信仰ではなく、宗教心でさえない、それは、宗教性に浸された家父長性社会にあった均衡である、ということだ。これは、宗教現象が宗教心以前に存在する、つまり、社会的次元が超越的次元に先行していることを思い起こさせる。ここで大事なのは、宗教への回帰と一般に受け取られているものは、しばしば、啓示以前にあったものへの回帰であるということだ。信仰心がそれに修正を加えたというか、時間の経過の中で修正を加えるよう導かれたことはある。言い換えれば、人間の内にある生来の宗教的存在を重視する根拠がある以上、それにもまして、生来の性質へのこの回帰の偏向した傾向には抵抗する根拠がある。信仰心と宗教と家父長性社会をきちんと分けて考える必要、少なくともそう努める必要がある。

ジャック・ベルク(14)にならって、コーランの教えは、人間だけに向けられている、《神》を媒介として人間を対象としていると主張してもいい。たしかにその通りだろうが、それには、聖典の主意主義的な解釈とこの宗教の現世における実践をはっきり分けるという条件が必要である。まして、この実践は、本質的に地中海的な社会から生まれたものであり、この社会は家父長制によって形作られたものなのだ。さらに、この家父長制そのものが、共同体主義的覆いの中に、長い間閉じ込められていたのだ。この覆いの中では、個人が個人として存在することも、宗教の本質とは何一つ共通点をもたないこともある一連の伝統や儀式や義務から逸脱した自分を考えることも許されなかった。

現代において《啓示》の上に成り立つ社会で、《啓示》の教えに忠実に従うからといって、例えば食事の儀式、法の規則、女性に割り当てられた役割を昔の通りにできるだろうか。これは本質的な問題だ。なぜなら、一部の共同体社会は、神聖な至上命令と一体化していた初期の時代に戻ると主張して、近代のすべての成果を集約すると言ってもいい個人を、また葬りさってしまったからだ。こうした角度から問題を取り上げるたびごとに、われわれはイスラム学者や東洋学者を困らせるようだ。彼らは、イスラム教は現世の宗教であり、《預言者》は司令官でありかつ立法者であり、また同時に、イスラムの《啓示》をその誕生の地であるアラブ社会に閉じこめることはできないと、口をそろえて断言するからだ。学者は自分たちの学識に困るかもしれないが、われわれのほうはまさにその矛盾の中に、イスラム教と近代を折り合わせようとすれば、かならず生じる最大の難問を見ぬいてもいいだろう。

ある意味では、原理主義者（あるいは「ファンダメンタリスト」）のほうが、はるかに首尾一貫している。彼らの考えでは、神に由来する力以外に力はなく、聖典の外には法はない。国民に主権はないのだから、共和国大統領を普通選挙で選ぶわけにはいかない。大統領は、《法》の学者連合体によって選ぶしかない。

もしことがこれほど明快ならば、なぜわれわれの議論にきっぱりと決着がつかないのか。法にかんする宗教哲学をきれいさっぱりと捨てて済ませるわけにいかないのか。この疑問に対する答えは、われわれの議論の中身そのものとなる。実際、第三世界では、自分の運命は自分で引き受け、自由に自分の可能性を伸ばし、自分の未来に責任をもつことを願う人たちが、増え続けている。ところで、西欧の民主主義・資本主義諸国においては、このような願いと時を同じくして、自分たちの文明の意味に対する深い懐疑が発生している。人々は、自由がかならずしも快適な暮らしと結びつくものではなく、それどころか、快適な暮らしはますます不満足感を強めるばかりであることを知った。この不満足感は超越的存在への欲求だと考える人もいる。進歩が危機や障害にぶつかるたびに、伝統が避難所として、解決策として人々の前に現れる、それが伝統の力なのだ。

というのは、近代は前進するが、攻撃する。個人は自由になるが、自分の自由をどうすればいいかわからない。宗教は連帯性、団結、過去の力への回帰であるかぎりにおいて、避難所になりうる。宗教への回帰は、かならずしも断固たる民主主義の拒否ではなく、たとえばイスラム教徒の場合は、近代の攻撃から身を守りたいという願望である。そのことは、ベルリンの壁が崩壊してから明らかになった。まるで万能薬のような自由を手に入れはした、しかしそのあと、物が不足している社会では、自由はむなしい贅沢品としか感じられない。現在フランスの大学で教えているアルジェリアの思想家、モハメド・ハルビは指摘した、アルジェリア人は、さらに彼らを観察する社会学者も、しばしばイスラムの宗教と家父長制を混同した、と。マグレブ〔北アフリカ〕の若者が社会主義信仰も、物質的未来も奪われたときから、彼らの感情的・知的安心感の基は、家族の中にしかなかった。こうした社会の固い核は、どこでももはや部族でも、民族でもなく、家族以外にないことが多い。家族は、古代のすべての地中海型家族がそうであったように、長老、つまり家族の父の権威をみなが尊重することで成り立っていた。家の中では、食事のあいだ、洗礼、結婚、葬儀などのおり、一定の儀式と規則が支配した。しかも、大事な点は、さまざまな禁忌と義務があるということだ。近親相姦はもちろん、兄が妹の純潔を守る義務がある。しかし一方で、女性の地位は、制約と不公平と、しばしば軽蔑からなっている。こうした家父長制は宗教とかかわりがあるだろうか。聖書、キリスト教徒が「旧約」と呼ぶものには、一連の物語が続くが、その中で《神》は、《十戒》を人間に与えたのに、当時の家父長制社会の儀式、習慣、偏見を変えたり、やめさせたりすることはできずにいる。アブラハムでさえ、メソポタミア法を守るから、第一子(イシュマエル)を自分の真の後継者とすることを拒む。イシュマエルは、妻のサラの欠陥を埋めるために献身した召使のハガルとのあいだにできた息子である。この点では、アブラハムは全面的に《神》の支援を得ている。《神》は、内縁の女性、不倫、さらには女性一般にかんして、特にフェミニストとは言いかねる。

一部の歴史家によれば、イスラム教は他のどの宗教にもまして、家父長制社会を維持し、強化し、堅固にする宗教であるという。ところで、マルクスが封建制について述べたことは、この社会についても言える。つまり、これほど個人と集団に安定を与え、貧窮と死から守ってくれ、社会関係に調和をもたらすものはない。この組織の中にいれば、連帯はゆるぎない。だが、まさにこれほど申し分なく均衡の取れた社会だからこそ、同時に、農村からの脱出、都市の過密、子供の拡散、風俗習慣の自由化、家父長権威の終焉に対してもろさをもっている。この仮説に立てば、イスラム農村社会は、まさにその組織の完成度の高さと、こうした文明原理の根深さのゆえに、これほどまでにもろかった、ということになる。また、新時代への適応能力をもつことは許されなかったのだ。

ちょうどこの文章を書いているときに、ヒシャム・シャラビ[15]の「ネオ家父長制」にかんする評論が発表された。著者は、イスラム教が本質的に静寂主義、順応主義、儀式主義、抽象的であることを指摘し、イスラムの宗教が「ファンダメンタリストの戦闘主義に姿を変えたのは、もっぱら民族の危機的状況に直面した新しい指導者の働きによるものである」ことを強調している。彼が辿って見せる行程では、帝国主義と近代とが共謀して次々と攻撃を加えたために、均衡の取れていた家父長制から、エリートたちが二重の矛盾した準拠基準に従って生きる私生児的・精神分裂的社会への移行が進む。彼はこの社会をネオ家父長制と名づけるのだ。

彼によれば、この社会を特徴づけるのは、いつも宗教に対しても、近代性に対しても、みずから認めてはいないが、完全に忠実とは言えない態度、面従腹背の姿勢をとっていることだ。したがって、この社会のあり方は、宗教の本来の正しいあり方とはかなり外れていると言える。この考察が示唆に富むのは、この社会がこれまでどうして《コーラン》の古めかしい、硬直した解釈の変更にずっと抵抗しつづけてきたか、理解を容易にしてくれるからだ。しかし、この考察はまた、イスラム世界やその他の場でも真の家父長制への郷愁がいかに大きな力をもっているかを確認するというわれわれの意図を援護してくれるのだ。たしかに、モロッコの精神分析学者ファティマ・メルニーシー[16]が明らかにしたように、ファンダメンタリストのエリートたちでも、この郷愁をはっきり口に出してはいない。しかし、この評論の筆者、パレスチナ生まれで、米国での生活で自ら分裂症の体験もあるヒシャム・シャラビは、多面性をもった結論に達する。彼は、ネオ家父長制的思考が、あらゆる改革者たち（とりわけフランス＝アルジェリア人モハメド・アルクーンのような）の願いにもかかわらず、宗教原理主義の方向に曲げられていくかのではないかと、おそれている。

家父長制という概念は、おそろしく現代的な主題である。この二十世紀末、世界のほぼどこでも人々は宗教に頼っているが、これは家父長制的均衡への郷愁の一番激しい表現であることが多い。もちろん、この郷愁を感じるのに、女も男も変りはない。しかし、つい最近、ファラカンの組織したデモで、黒人の男たちがワシントンを行進したのに、黒人の女たち、あれほど開放され、あれほど自由に生きているはずの女性たちは家にいることを承知した。これを見れば、自由と言っても、捨てられ、殴られ、子供の教育に不可欠な手当てが打ちきられる自由しかないと知って、彼女たちが宗教に守られた夫婦関係における半隷属状態のほうを選んだことがわかる。原理主義者たちはこの面で大きな影響を与えている。彼らのことばを聞けば、街頭の子供たちを犯罪、麻薬、売春から守ってやれるのは、原理主義者しかいないということになる。彼らは、イスラム・ピューリタンの徳を説く。彼らが考えているのは厳格な家父長制、《旧約》にあるよりもっと厳格な家父長制である。

いつ宗教の時代が到来するかを知るのに、二十一世紀を待つ必要はなかった。もうすでに来ているのだ。あらゆる兆候がそれを示している。また、すでに来ているのは、これまで一度もそうでなかったことはないからでもある。社会学者デュルケームは言っている。宗教こそ、絶対になくなることがないと人間が信じている唯一の食物である、と。宗教とは、超越的存在と関係をもつ場合も、そうでない場合も、人間が掟と儀式に従い、社会を作り、さまざまな構造の中に組み込まれて生きなければならない、その必要性のことである。この関係がある場合、それは信仰となる。宗教とは、儀式、崇拝、生活の姿勢、思い出、つまり伝統を形作るあらゆるものを用いて、混乱や孤独や苦痛や死、本質的には恐怖から身を守る方法なのだ。近代が歩みを止めることは考えられないが、一方、近代に対する抵抗が弱まるとも考えられない。問題は、どの時点で宗教が——革命と同様——阻止するつもりの悪よりもさらに悪いものになるかを知ることだ。近代と伝統のいずれも、今世紀に特有の全体主義の流れに向かう危険を免れないことは、明らかだ。

　現在、われわれにとって最大の脅威は原理主義である。伝統主義の原理主義も、近代主義の原理主義も、地中海に生まれた一神教の支流であり、これまでもつねにそうだった（つい最近、ヒンズー・反イスラム共同体の内部で原理主義の爆発が見られはしたが）。旧ソビエト連合の解体にともない、全体主義の蛮行がやんだと思ったら、ユーゴスラビアの内部崩壊の残骸の上に偏狭な帝国主義的愛国心が復活し、ロシアのチェチェンへの侵略とともに植民地主義が戻ってきた。つまり、古いナショナリズムがふたたび現れたとも言える。時には、衣を替えてさえいない。つまり、古色蒼然たる民族＝宗教主義の衣装だ。死の衝動、虚無への欲求がまたもうごめき、《黙示録》の世界が再現されてゆく。

イスラム世界の内部で起こっていること、今日のマグレブ〔北アフリカ〕が高く掲げ、強化し、賛美している目標を、偏見なく、またコンプレックスもなく検討するのは、なかなか難しい。ジャック・ベルクは記している。

「これらの社会は、着実な進化をとげつつある。原理主義による激震が続いていても、マグレブ社会は西欧化し、政教分離を実現しつつある。そう口には出さず、自分で認めはしないにしても、いや、そうであるからこそ、それは事実なのだ。ところが、西欧的と呼ばれる進化を人々の背丈に合わせ、良い方向に導き、さらには正しいと保証してくれる《教会》が存在しない。だから、近代派ではあるが、なおイスラム教徒であるブルジョワジーと、伝統主義の民衆との間の溝は深まり、後者は、貧しく、失うものがないだけに、あらゆる原理主義の格好の餌食となる。豊かな暮らしは、彼らからすれば、罪になるのだ」。

フランスのアラブ＝イスラム共同体は――ファンダメンタリストの目からすれば――体制破壊をめざす危険な改革主義の実験室である。公会議[17]や《宗教改革》のさいキリスト教世界を揺さぶった対立に匹敵する重大な対立が、一方にみずから西欧化し、イスラム教を近代化すると主張する人々と、他方に伝統につながれ、近代をイスラム化しようとする人々とを敵対させる。フランスではじめて、アラブ＝イスラムの作家、芸術家、大学人が敢然として違反行為に踏み切り、政教分離の意志と《コーラン》の市民的解釈を発表した。しかし、伝統主義者たちはこうした勇敢な改革家たちを新しい進歩主義のヒーローとみなさず、麻薬、セックス・ショップ、無秩序、個人主義の文明の宣伝者として非難する。

ここにあるのは、民主主義の根底にかかわる問題だ。イスラム教徒は、今世紀半ばになってもまだアンシャン・レジーム〔旧制度〕の夢を追っていたカトリック教徒と同じ問題をかかえている。イスラム原理主義者は十九世紀フランスの伝統主義者とごく自然に一致する。こちらの伝統主義者は、一七八九年の《大革命》には、人間を信頼するという、とんでもない無責任な楽観主義があると告発した。「イスラム」の意味は、神への「服従」ということだ。イスラム教徒はそのことを覚えている。

世紀末、千年紀の終わり、そしてイデオロギーの終わりの時代。世界の恐怖と個人の不安の時代。過半数の子供が栄養失調で死に、衝突が激増する地球上で、プロメテウス神話（神からその力の一部を奪った）はその叙事詩的・征服者的性格を失う。もちろん、特権を有する者、たとえば、ヨーロッパや日本で、自然を支配する文化の能力を信じつづける者にとっては、話は別である。これは二つの形而上学的考え方の衝突にかかわる。運命に服従する考え方と、個人の自由に対する信仰を基本に据える考え方の衝突。後者は民主主義の哲学的根底である。そうやって人々は伝統に対して進歩を、共同体に対して個人を、服従に対して自由を選択した。そのときから、危険と不安と、英雄的楽観主義と潜在的無秩序に満ちた社会が誕生した。考えてみれば、このように主体、個人の良心、市民の主権を優先するには、途方もない要請が前提として必要である。それは、人間を信頼し、人間の自由を正しく用い、人間の理性を正しく導こうとする賭けである。アイデンティティにかかわる選択、叙事詩的な選択である。それは、社会が神に服従するのを拒否することだ。そのとき、信仰、宗教、聖なるものは、私的なことがらになりうる。したがって、人間が伝統の策略の裏をかき、伝統の巻き返しを打ち破ることも可能になる。ところが、そういうことは、アラブ＝イスラム世界では一度も起こらなかった。周知のように、イスラム教には宗教改革の歴史がない。つまり、都市における神の地位、権力における宗教の地位、国家における教会（というかその代わりになるもの）の地位は、たとえ選挙による国民の意見表明が行われるとしても、つねに絶対不変である。

ここで思い出すべきことは、権力はもともと天の代理として行使されたので、民の声を聞くことを排除するものではなかった（預言者ほどたびたび仲間の声を聞く者はいなかった）。ただ、民意の最良の解釈者ではなく、国を神意に最も添うようにする宗教の知恵を最もよく知る者を選ぶことが大事だった。そしてそれは、「近代性」の対極にある。なんと言おうと、民主制ではなく、まさしく神権政治である。

またジャック・ベルクを引用しよう。

「短期的に起こる変動についての発言は控えて、中期的には、イスラム原理主義には何かを建設することも、持続することもできないほうに私は賭ける。マグレブでは、西欧化の要素があまりにも強力であり、フランスとの近さがつねにはかりしれない重さをもっている。イランの場合と同じく、その動きは文化革命と言うよりはむしろ過去主義の騒乱である」。

アラブ＝イスラム社会、マグレブでいま起こっているのは、フランス人が自国の歴史でよく知っている大きな揺れである。いくつかの宗教間の闘争ではなく、宗教の掟の現世的性格をめぐる対立である。

この論争は、カトリック教徒あるいはその他のフランス人と、イスラム教徒のフランス人、またはイスラム教徒のマグレブ人とを対立させるものではない。同一宗教、この場合はイスラム教の伝統主義と近代主義の考え方の相違である。われわれはどちらの側につくこともない。ただ、ここで私が「近代主義者」と呼ぶ人たち、とりわけ女性が蒙昧主義に抵抗しているのを見て、夢がふくらむのを感じる。われわれは違いを尊重しつつ、フランス＝マグレブ統一体を築くことができる。どちらの側がどんな勝利を収めるかは関係ない。けれども、統一体が交換から成り立ち、交換は開かれた社会のあいだにしかないことを、われわれは認めないわけにはいかない。一方、伝統主義者はまさに社会を閉ざそうとしている。

第4章　ジッド、アンティゴネと絶対の誘惑

アンドレ・ジッドは一九三五年、いわゆる共産主義への改宗にかんして釈明を求められ、当時《真理のための同盟》と呼ばれた知識人の法廷への召喚に応じた。カトリックの作家、アンリ・マシス[1]は、ジッドのこうした行き過ぎた振る舞いを嘆き、被告の役を演じることを承知した者にたずねた。

「宗教こそ、そんな過ちから身を守ってくれる拠り所だとは思わなかったのですか」。

「逆ですよ。たまたま最近、プロテスタント信者、カトリック信者、ユダヤ教徒が次々と私のところに訪ねて見えました。誰もが自分のほうが他の宗派より正しいとばかり言ってました」と、ジッドは答えた。

「でも、彼らには共通する何かがあったでしょう。あなたは彼らがみな同じ家族の一員だとは思われなかったですか」と、マシスはなおがんばって言った。

「そりゃそうですよ。憎みあう兄弟、それも最悪の兄弟ですから」高名な作家はさらに加えて言った。「狂信者ですから」。

ジッドは、一神教を不寛容の根源とみなした最初の人間でも、最後の人間でもない。彼はプロテスタ

ントとして生まれたが、ニーチェの汎神論に惹かれた。「ナタナエルよ、いたるところに神を見出してほしい」[2]。しかし、ジッドはまたゲーテとヴォルテールのヒューマニズム〔人間中心主義〕の旗を高く掲げていた。パスカルの薦めた賭けを嫌い、救いにかんする思弁を嫌った。キリストの愛の光に照らされたり、ひたすら彼岸での幸福を信じたりするのでもなければ、どうして改宗することができるだろう、というわけだ。ニーチェのように、宗教への服従に「奴隷の道徳」を見なかったとはいえ、彼は、天との取引の卑劣さを告発した。やがてジッドは、どの一神教の信者にも、絶対的とされる信仰の名による、紛れもない十字軍精神があることを見ぬき、恐れるようになる。チベットのラマ僧の顔をした、このモンテーニュの後継者は、「絶対なるものこそ、わが敵だ」と叫んでもよかったはずだ。ちょうどヴォルテールが宗教について語るとき、「下劣なものをひねりつぶそう!」と叫んだと同じように。

ジッドは生涯変わることなく、勝ち誇る個人主義の代表だった。自由闊達な精神を大切にし、おのれの共同体にとらわれず、どこであれ他人のすぐれた才能の精華を摘みにでかけ、よその地でどんな美しく、偉大なものが生まれるかにつねに貪欲な好奇心を燃やし、外からの強烈な影響を呼び求め、誉め称えもする個人主義。プロテウスからプロメテウス[3]、メルクリウス[4]と経由したジッドがつねに好んだのは、根づくことより経巡ること、どちらかを選ぶことより交互に選ぶこと、確実性より両義性、信念より懐疑だった。だからといって、彼がアンチ・キリストだったわけではない。彼はキリストの教えに深い関心を寄せていたが、ただ、《神》の兵士に対しては執拗に敵対した。その点で、無神論者のフランス人にノーベル賞が次々と授与された時代をまさしく象徴していた。まずシュリー・プリュドム[5]がいて、アナトール・フランス[6]、ついでジッドその人、マルタン・デュ・ガール[7]がいて、カミュ、そしてサルトル。

唯一の例外がモーリアックだ。それは、信仰の上にとは言わないまでも宗教の上に根深い疑惑が重くのしかかっていた時代、人々が何かを信じたい気持ちを満たすために、イデオロギーや芸術に聖なるものの代替物を求めた時代である。

イデオロギーにとって、救済の約束は未来の世代のために行われ、そのためには現在の世代の犠牲が前提とされていたから、この犠牲が何かある絶対的なものによって正当化され、しかもその絶対が全人格をとりこにすることが、どうしても必要だった。若きジッドが逃げ出そうとしたのもわかる。ドレフュス事件のおり、若きベルナール・ラザール[8]が訪ねてきた。客が立ち去ると、ジッドは大急ぎでマルタン・デュ・ガールに対話の中身を次のような注釈をつけて伝えたことを、思い出そう。「不思議な若者がやって来た。彼は、文学よりも高尚な何かがあると考えているように見えた」。しかしながら、そのあと、たしかにずっとあとになってからではあるが、同じジッドが絶対の中に飛び込んでいく。個人主義の道を切り開いて進んだオスカー・ワイルドが書いているはずだが、ナルシスには、ある顔、自分の心をおびえさせる自分の顔に出会う瞬間がある。よく知られている「自己憎悪」の段階である。おそらくジッドも、マルクス主義の本に親しむようになったとき、この罠にはまっていたのだろう。彼がそこに見出したのは、ブルジョワ道徳の欺瞞の暴露であり、それが彼には嬉しかった。ニーチェを発見したときと同様、彼は心魅せられる。そこには、人間の人間による搾取を自然の不平等、現実の秩序の結果として甘受し、不正を運命にかえてしまう、貴族的ペシミズムに対する糾弾があった。

ジッドはプロテスタントの名門の出であり、みずから芸術家、さらには審美家の道を選ぶ。金に不自由はなかったから、ボヘミアンの生活の浮き沈みを知らずに済んだ。彼は自分の本が受け入れられないことに一種の苦い喜びを味わっていた。『地の糧』のように、自費出版のものもあった。彼は、呪われたとは言わぬまでも、知られざる作家であることを選び、スタンダールのように、未来の世代のハッピー・フューだけを読者にすることを願った。一般大衆の無関心と同輩たちの冷笑をよしとした。やがて傲慢で貴族的な個人主義の中に立てこもるようになり、そこから抜け出すには、ホモの立場を明確にする決意を固めるまで待たねばならなかった。彼の内面で自由と反抗が湧き上がり、プロテスタントの環境、ピューリタン的社会の中で同性愛を表明したために、少数者、のけ者、被植民者に関心が向かうようになった。私が思うに、奇妙なことだが、ホモ・セクシュアリティを経由して、それまで現実はすべて無意味だと思っていた大ブルジョワの審美家が、突如、アウトサイダー、はかない存在の住む濁った水の中に身を沈めてゆく。彼はブルジョワの自己中心主義の外に投げ出され、いまや外洋に、冒険に、緊急の事態に、やがて社会参加《アンガージュマン》に、そして驚くべきことに、絶対なるものに誘惑されることになる。そこから、彼の前に共産主義への宗教的アンガージュマンへの道が開けるのだ。

アンドレ・ジッドは共産主義に改宗するや、たえず《党》の勝利のために一身を捧げることばかり口にする。まわりの誰も彼にその命を求めてはいないのに、彼はなんとしても命を投げ出すことにこだわる。誰もが彼の名前、著作、名声を利用することばかり考えているのに、彼は、実際には信じていなかっただろうが、無名の戦士になるのだと主張する。有名な『日記』の中で、彼はたえず自己献身の願いをかきたてている。ついにソ連に足を運んで——あとで自分で書いているが——、それと知らずに自分の求めているものは、キリスト教社会、つまり平等で禁欲的な社会、自分のプロテスタントの幼年期の理想を実現しうる社会であることがわかる。『ソビエトから帰る』と『修正・ソビエトから帰る』と題された第二版を注意深く読み比べると、間違いなく、これまであまり重要視されてこなかったある事実に気づく。それは、ジッドの幻滅を決定的にしたのは、社会全体が工業生産の記録達成へと向かう光景であると同時に、ソ連で人々が服従し、隷属している光景であったことだ。ソビエト当局が権威主義体制を敷いて、資本主義的物質主義との競争に突入するという明白な意志の表れを見たのだ。

ジッドは《神》を否認して、《自然》を選び、ついで、《歴史》の中に《神》を再発見する。それは、聖体拝領の歓喜へと近づけ、救済を求める心を導いてくれる、《神聖化された歴史》だったろうか。あるいは、プロテスタンティズムへの郷愁があったかもしれない。一族から非難された同性愛の償いとして働く後悔の念もあったかもしれない。それとも逆に、革命家たちとの高揚した共犯の意識であり、社会のアウトサイダーや除け者を彼らの中に見る気がしたのかもしれない。いずれにせよ、管理体制としては全体主義であり、風紀においてはブルジョワ的な社会と出合ったことで、彼はまた芸術、詩、人間へと帰ることになる。すでに共産党の集会で、ロンサールの詩を朗読して、解毒の試みをしている。彼は自分の心が政治によって汚染されていくのを感じていた。しかし共産主義を捨てると、たちまち審美的快楽主義に寛容な心がふたたびよみがえる。

ジッドは信仰と社会参加から自分を遠ざけつつ、母（すばらしい手紙の書き手）と妻（苦い諦念に包まれた悩める母）宛の手紙に、《福音書》と《旧約》の主題と表現に関連のあるスタイルを残しつづけた。彼は誇り高き無信仰者として死ぬ。「夏が来るごとに、それが最後の夏であるかのように、花の香りをかぐ」心の備えを何年も前からしている賢者の落着きがあった。「すべてよし」と言って、ヴァノー街の大司教館の小さな四角い敷地で息を引き取る。ジュリアン・グリーン[9]、カミュ、ルネ・シャール[10]、それからロダンソン[11]やその他の人と同じように。美を愛し、音楽を愛し、繊細で引っ込みがちな、この大ブルジョワは《絶対》に接近したり、また離れたりしたが、これは、単に熱く燃える感覚や緊張した状況について知りつくしたいと思った人間の気まぐれではない。なぜ彼はこのような立場を選んだのか。それは、自由の放棄へと向かわせ、禁欲による共感の法悦を期待させてくれる《絶対》の誘惑が、彼のように敬虔な心をもって生まれ、またその心に戻るべきではないかと自問する者のしるしだからである。それはまた、ジッドの美学が、《神》なき人間の至高の気高さのしるしだからでもある。彼にはリベルタン〔自由思想家〕の傲慢さも、無神論者の尊大さもない。聖なるものが存在せず、《神》を失った状態で純粋な自由の下で生きることの難しさを、私は強調しすぎたかもしれない。そのためか、芸術が充足的真理の代わりをした人間のこの上なく自在な生き方を称える気持ちを抑えがたいのだ。

ジッドは最晩年、あらゆる種類の狂信主義に嫌悪を感じるようになる。ある時期、《絶対》の中に飛び込もうとして失敗した体験から、神秘的熱狂を理解する気持ちから完全に遠ざかっていく。彼は若い頃、クローデルを賛美し、モーツァルト好きのアンリ・ゲオン[12]の芝居に感動して、そうした熱狂をみずから味わったことがあったのだ。やがて、信仰篤き人には生理的な恐れさえ感じるにいたる。戦時中、チュニスの丘の上に住むところを探して、不安がった。「貧しい界隈の隣で、心配はないだろうか？」。共産党員とカトリック信者がいるのではないだろうか？　ジッドにはそれ以外のことが考えられない。しかし、当時、チュニジアにはファシストがいたし、フランスにはナチス党員がいたのだ。その一方で、この地中海の国には、それでもまわりを見れば、彼の心を強迫観念からそらせてくれるさまざまな気晴らしがあった。だが、ジッドの心配は、ヨーロッパがひっくり返って、魂の救済の方向に向かうことだった。それともひょっとして、ソ連を解放者とみなさなければならなくなる事態を恐れていた。たしかに、時代はひっくり返った。戦争が終わるとすぐ、ソビエト式集産主義の無神論モデルが抑圧者として現れたからだ。その抑圧の過酷さは、ナチス・モデルや、かつてジッドのユグノー派[13]の祖先たちがユゼス[14]で犠牲になった、あのカトリックの古いモデルと同じだった。狂信主義はいたるところにある。キリスト教には何が起こったか。ジッドは第二バチカン公会議[15]と教皇ヨハネス二十三世による《教会》のアジョルナメント〔革新・現代化〕の重要性を知らずに終わった。この公会議は、過去に例のない宗教的ヒューマニズムのまばゆい輝きをカトリック教会に与えてくれた。当時は、これが全世界にどれほど積極的で実り多い結果をもたらすか、予測できなかった。あたかも突然、ローマのヒエラルキーが光と無垢性によって打ち砕かれたかのようだった。

西欧全体では、同じ時期、どんな本質的な変化が起こっていたか。普遍性（絶対性）を犠牲にして差異（相対性）が尊重されるようになった。宗教という単語が複数形で書かれるようになった。西欧は、自分の文明を武力によって、流血も辞さずに押し付けた罪を自覚していたから、抑圧された文明のもつ宗教に一種の優越性を認める方向に引きずられた。そういうことになったのは、偉大なユダヤ教徒の碩学、ゲルショム・ショーレム[16]のことばを引けば、自己解放を支える価値観と自己主張を支える価値観とは決して同じものではないことを知らないからだった。人々は平等の名の下に、抑圧者から自己を解放し、差異の名の下に自己を主張する。若い民族はすべてこの道程を進んだ。イスラエルもその例外ではない。そのとき、どの宗教も、どの文化共同体も、独自の普遍性概念をもっていて、それが少しでも可能になるやたちまち、それを他者に押し付けたがることが、明らかになった。要するに、人々は絶対の誘惑のもたらす荒廃にまた気づいたのだ。この神秘的誘惑は、個人的なものであるかぎり、尊重すべきではあるが、拡張主義に向かいだすと、たちまち原理主義の温床になり、狂信を生み出す。

《神》は狂信的か。聖典のことばは、それとは正反対のことを伝えていることは、よく知られている。一方で、時代の要求があれば、聖典にどんな意味でも盛り込まれるようになることも、よく知られている。現代では好んで「《神》は愛である」点が強調される。《愛する者》、《許す者》、つまり、《寛大な者》、《慈悲深い者》である。しかし、《神》はまた、何よりも《絶対なるもの》でもある。人は祈るとき、いつも《神の全能》にすがる。《神》は《始まり》にして《終わり》、というか、始まりも終わりももたない《創造主》であり、《神》だけに力と正当性の源がある。

さきに引用した著名な著者たちとはまったく違うが、私は他の人たちの祈りを大切に思い、好きだと思うこともある。とりわけ、不安な心の表れよりも、感謝の祈りがそうなのだ。クローデルの美しい祈りがある。

イエス・キリストの母よ、私は何かを祈りに来たのではありません
あなたに申し上げることも、お願いすることもありません
母よ、あなたがいらっしゃる、ただそのことを知りたいだけなのです(17)

これは、一部のユダヤ人の預言者の心にじかに現れた存在を求める気持ちである。それとは逆に、私が抵抗を覚えるのは、力を前にしてひれ伏し、引き寄せられる者の祈りだ。《神》への献身、《神》が最も正しく、最も近いがゆえにではなく、《神》が《全能》であり、計り知れないがゆえに、《神》にすべてを捧げる祈り。ところで、二十世紀の終わりにあたって、《創造主》の《全能》について最小限言えることは、全能の力がつねによく事情をわきまえて行使されたわけではないということだ。ショアー〔ユダヤ人絶滅〕の犠牲者こそ、この世のあらゆる存在を生み出した《者》に一番近づいたのではないかと、私は思う。そうすると、私はむしろ反抗したヨブ、反逆者ヨナと同じ反応を示してしまう。《神》には謝るべきことがたくさんあるように思われる。

《神》が道徳によって政治に介入するとき、また、やがて民主的改革派が引き継ぐことになる進歩の各段階を定めるときには、狂信的ではない。自然法という考え方はキリスト教思想にさかのぼるのであり、啓蒙思想の哲学に由来するものではない。そうなると、もう一つの問題は、アブラハムの宗教が、《啓示》と《理性》、つまり、《神》との出会いによって啓示された真理と批判的・道徳的ヒューマニズム〔人間中心主義〕がもたらした真理とを折り合わせるような法律の基礎を、どの程度まで築いたかを、明確に示すことだろう。

一神教はさまざまな形を取って現れたが、どの場合も、しばしば規範法と呼ばれる法を作ったことは、明らかである。この法は、普遍的かどうかは別にして、いくつかの規則を成文化することをめざしている。いずれも《神》がアブラハムや、モーセや、すべての預言者に語ったことば、《神》がイエスの声を通じてみずから進んで述べたことば、《神》がマホメットに託したことばが、そこにくっきりと記されている。

この法の特徴は、神のことばの解釈者によって作られている点だ。《みことば》の解釈者たちは聖典の注釈からいくつかの掟や原則や規則を導き出す。このようにして、《教会》なるものが形作られていった。つまり、《教会》ということばは、信者たちが単に祈りを捧げるだけでなく、注釈の保証と《みことば》の正しさを見出すために、集合した共同体をさしていたのだ。

ここから難しい問題が出てくる。というのは、《神》がある社会に、ある時期に登場するのは、風俗を矯正し、前に向かって進む《善》の道と精神を指示するためだからだ。《神》がおのれの体現する《絶対》を相対的現実の中で具体化するときには、狂信的にはならない。《神》は啓示するのだ。そして《神》の《啓示》が現れるときには、それ以前の《啓示》を修正する。つまり、《啓示》はたしかに時間の中で行われるのだが、どこでもない別の場所からやって来る。《啓示》は形而上的である。《啓示》は時間の外で起こり、進化の流れには影響されない。

だから、狂信的になりうるのは信者のほうだ。彼らは、《啓示》が現れた社会を、時空の外にある、不変・永遠、不変的な《始まり》に変えようとするとき、狂信的になるのだ。また、禁欲、贖罪、共感を理由にして、あの理想の社会に戻るのだと主張するとき、狂信的になる。彼らは《啓示》をたえざる創造とみなすのではなく、永遠に不動の瞬間として固定化し、精神の代わりに文字を振りかざす。それが狂信だ。

もう一つの例。イエスが不義を犯した女をかばって、「一度も罪を犯したことのない者が最初に石を投げよ」と言ったとき、イエスは単に隣人愛の掟を説いただけでも、人間が《神》の権限にのみ属する判決を下すことの不可能性を意味しただけでもない。イエスは彼なりにある法の根拠づくりをしている。彼は《みことば》を尊重する法廷の外で行われる、いわゆる人民裁判、リンチを禁じている。この世には罪人しか存在せず、もし罪を罰すべきなら、罪人を許すべきであり、いずれにせよ、裁きの決定、真の判決は人間の手に任せるわけにはいかぬことを、イエスは指摘している。

イエスは同時に、自分は剣をもたらしにやって来た、と言っている。それで、原理主義者は、宗教的掟と戦争の現世的勧めがまじりあって始まっていることを自分に都合よく解釈し、第一の教えよりも第二の教えのほうに忠実になることを選んだ。十字軍はこの矛盾の最大の実例をなしている。十字軍の参加者たちは、中から聖者が出たとはいえ、原理主義の精神の系統にある。

最後に、《十戒》の例がある。《十戒》は信者、無信仰者の両方から引きあいに出される。時代を超えていると同時に現代的であり、聖書的であると同時に普遍的であると考えられるからだ。人間はこの《十戒》ほど明快で、意味深く、確固としたものを作ったためしがない。十の掟のどれもが、宗教的にも(《啓示》に由来する)、社会学的にも(ある一定の時期のある一定の社会の共同生活を組織するため)説明がつく。これらの掟は実際には運用されていない、と言われるかもしれない。しかし、自由な人間に提示される道徳の本質は、それを完全に実践するやり方を知ることではなく、それが実践されないときに、罪責感、後悔、罪の感覚を覚えさせることにある。だが、われわれが知っている歴史的事実はそれとは逆で、戦争する人間は後悔の念を知らないし、また、不倫は女だけが罰せられるから、近代の女性は猛然と怒る。これはまさに社会学の扱う掟であり、《啓示》からは遠く離れたものだ。

実際、タルムード(18)のどの学派も、初期キリスト教のどの公会議も、キリスト教のどの異端も、イスラム教のどの分派も、すべて、人々が不変であると願う《啓示》と道徳、つまり、風俗習慣にかんする哲学とのあいだの対立をめぐって議論が重ねられている。法律というのは、この哲学を適用して作られることになる。

ギリシャの神々は狂信的とは思われていない。その数が多いということが、そうなることを防いでいる。おそらく巨人族のティタンは、最初、プロメテウスに対してカリグラのように専横な力を振るっただろうし、それは他の巨人たち、半神たち、人間たちに大きな影響を与える結果になった。ゼウスが大洪水を引き起こし、デウカリオンとピュラしか助からなかったのだから。しかし、ラモン・ルルスがその著書に登場させた賢者たちは、唯一者が行使する、超越的な権威のほかに権威はないことを明らかにした。[19] 一神教がなければ、絶対主義もない。それでもやはり、神々の社会には法律があり、人間たちはそれを守るべきものとされた。たとえば、ソフォクレスの時代、「たとえ砂土でおおうだけでも」死者は埋葬されるべきだった。死者をそのまま打ち捨てておくことは、彼の運命を危うくするだけでなく、神々に対して取り返しのつかない冒瀆になった。どんな理由があっても許されず、いかなる言い訳も効かなかった。テーバイの王クレオンは、ポリュネイケスの遺体を鳥についばませて、神々に挑戦する。アンティゴネの兄であるポリュネイケスは裏切りの罪で告発されていた。それもそのはず、彼は一族と戦って死んだのだ。状況は入り組んでいたのだろうが、彼が背教者ないしは裏切り者とみなされて当然だった。それゆえ、クレオンは彼の葬儀を拒否することを、都市の命令に沿うと判断した。クレオンは口には出さずとも、神々の寛大さをどこかであてにしていた。だが、残念ながら、彼の期待の中で、憤慨し、反逆し、立ちあがる女のことは忘れられていた。若き乙女、神々とその掟に忠実に仕えるという使命を帯びたアンティゴネがいた。彼女は、王の決定に逆らい、夜、町を抜け出し、兄の遺体に土をかけ、クレオンが拒否した埋葬に代える。クレオンが神々に挑戦したのなら、アンティゴネはクレオンに挑戦する。彼女は洞窟に閉じ込められ、そこで死を選ぶ。彼女のいいなずけ、クレオン自身の息子と、その母親であり、クレオンの妻であるエウリュディケは、アンティゴネの後を追って死ぬ。生き残ったクレオンは、神々の側に立ったものを罰したことを悔いながら、一方でなすべきことをなしたと確信し、孤独で、悲劇的な生を送る。

ここで、狂信的なのは誰だろうか。アンティゴネを死に導いた神々か。クレオンの息子と妻を自殺に追いやった悲劇の女神か。あるいは、都市の法律に背くことを拒否したクレオンか。宗教的絶対はどこに姿を隠しているのか。すでに見てきたように、ジッドの場合は、絶対の誘惑は、ずっとあとに——六十年以上あとに——プロテスタントの幼年期のピューリタニズムへの爆発的、偶発的、一時的な回帰をもたらした。この男はそれまでずっとあらゆる規則から逃げてばかりいたのに、突然、自己献身的マルクス主義に、熱狂的な理想に身も心も捧げることで、自分の本来の家族と和解する機会を見出した。そのあと、ジッドを狂信から遠ざけたのは、《歴史》の偽善である。アンティゴネのほうは、絶対のために生まれたように見える。にもかかわらず、彼女を狂信から遠ざけ、死を願い、受け入れるにいたらせたのは、あとで見るように、愛である。だから、クレオンは、トマス・ド・クウィンシー[20]からジャン・アヌイ[21]にいたる作家たちが作り上げた伝説の、あの妥協する男ではない。彼はアンティゴネを洞窟に閉じ込めたのだから、断固たる姿勢を貫き、許すことを知らない。法の不当な力を行使する。行き過ぎた正義は最高の不正。ソフォクレスの悲劇はキリスト教護教論には合わない。

ソフォクレスは何も証明しようとはしない。せいぜい言えるのは、彼は神々の掟の不可侵性（埋葬）と、人間の解釈の変わりやすさ（埋葬を拒否する決定）を対比している、ということだ。しかし、原則とは関係なく、アンティゴネもやはり、兄に対するやさしい敬愛の念に動かされている。「私の心は憎むためではなく、愛するためにある」と、彼女は言う。彼女は神々に気に入られることと同様、ポリュニケスのもとに行く（「親しい遺体の傍らに」横たわる）ことに心を砕く。

「異教徒の聖女、まだ《神》が知られぬ前の、《神》の娘、その扉が閉められたあとの、楽園の花……偶像崇拝者でありながらキリスト教徒、おまえは地上の希望には目もくれず、永遠の絶望が兄の墓に入りこむのを恐れ、一人殉教者の心で、墓の大きな闇の中に飛び込む」。ジョージ・スタイナー(22)はド・クウィンシーのこの詩を引用し、すぐあとに適切に次のように続けている。その数年後に、ジョージ・エリオット(23)はソフォクレスの戯曲の変わらぬ現代性、つまり、個人の良心の要請と社会の安寧の必要性とのあいだに日々起こる矛盾を浮き彫りにしている点を強調した、と。この点で、われわれはわれわれ自身にかかわる真理のより近くにいる。アンティゴネは妥協と対立しているのではなく、不変かつ上位の原理をもたない社会に対立しているのだ。彼女は、いかに人間の社会がわれわれを超越性に結びつける契約を犠牲にして、《都市》の法律に従っているかを、明らかにする。ソフォクレスは何も証明するつもりはないが、それでも、自己の命ずるままに最後まで突き進む人物、アンティゴネの行動の叙事詩的描写に力を注ぐ。彼女にとって、純潔と無垢は自分自身への忠誠から成り立っている。この忠誠に背くものはすべて、死にまでいたる抵抗をアンティゴネの心にうながす。彼女は妹のイスメーネーと対立する。

「おまえの気の済むようにするがいい。私はお兄さんの埋葬をする。そうすることで、死ぬのなら、私には本望だわ」。彼女は、生き延びることを願うあわれな老人たちと対立する。執拗な頑固さにとらわれて、身動きの取れぬクレオンと対立する。ある意味では、これは《信念》への賛歌でもある。《信念》が、《運命》に抵抗する《自由》に変わりうる段階にすでに達していると言える。ギリシャ悲劇には自由が姿をあらわすことはほとんどない。しかし、アンティゴネの場合はその稀なケースのように思われる。

いずれにせよ、ソフォクレスの悲劇から生まれたこの神話は、個人の抵抗精神の神話である。この神話にはさらに別の次元、狂信に接する次元が付け加わるだろうか。たしかに、行きつく先がどこであれ、その最後まで突き進むものを狂信的と言いきることもできるだろう。絶対なるものに向かって進む者。自分を絶対者とみなす者。神秘的なものは、政治的なものと対立し、「ノン」をつきつける。しかし、神秘的なものと狂信的なものはどこで分かれるのか、その区別ははっきりしている。狂信者は自分が神から霊感を受けて、他の人間を引っ張っていけると思いこむ。アンティゴネは一人っきりだ。彼女には、暴力的になる手段がない。彼女には、そういう問いが最初から出てこない。まして、彼女の抵抗（ソフォクレスによって再構成された伝説に描かれた）は、権力との闘い、つまり、犠牲者と死刑執行人、弱者と強者との対立を含んでいる。しかし、抵抗精神は、非暴力のパルチザン、武力闘争のパルチザン、そのどちらにも立派に存在しうる。ただ、この精神の特徴は、つねに妥協は自分を危険にさらすものだと考えることにある。妥協というのは、アンティゴネの妹、生きることを望むイスメーネーの論法だ。フラヴィウス・ジョゼフ[24]が、ユダヤ人にはローマ人への抵抗をやめ、暫定的な妥協を受け入れる十分正当な理由があったと、その理由を挙げて見せるときの、彼の論法だ。彼は、それが長期的展望の下での愛国的で、しかも巧みな抵抗であると主張しつづけた。ただし、彼は幻想を抱いてはいなかった。ただちに彼は裏切りを批判される。抵抗精神の最高の舞台の一つは、周知のように、マサダの砦となる。包囲されたユダヤ人は敵に降参しないために、みずから死を選ぶにいたる。アンティゴネと同様、彼らは自殺する。

もう一方で、抵抗精神は正統性の精神と対立すると言える。まるで理性と意志の見事な例証であるかのように、一部の反逆者が堂々と通常のヒエラルキーを拒否し、権力の制度を疑問に附し、それまでの権力の神聖な所有者を問題視するということが、起こる。《一九四〇年六月十八日のアピール》[25]がどの歴史的事実よりもさらに歴史的であるのは、それが違反に対する違反となっているからであるのは、明らかだ。あらゆる意味で、またあらゆるレベルで。元帥と訣別する成り立てほやほやの将軍。文民権力に従わない現役の軍人。誰にも認められていない権威をみずからまとい、ヴィシー政権が合法的に成立したのに、フランスを象徴すると主張する名門の男。ドゴールはドイツ占領軍を否定する。これは、彼に一種の正当性を与える。まさしく、愛国的抵抗という正当性だ。しかし、彼は合法性からはみ出している。彼は法的秩序と正統性の外に飛び出している。この六月十八日のドゴールの中には、彼がペタンに押し付けられた日和見主義的妥協に対抗して、フランス共和制の継続性という神聖不可侵の法を盾にするかぎりにおいて、アンティゴネが存在する。だが、クレオンはペタンではない。クレオンは戦争をして、勝利を得た。脱走者と裏切り者を容赦なく罰した。それに、ソフォクレスはアンティゴネとクレオンのどちらかの側に立たぬよう心を配っている。この戯曲を立派に演出した者たちは、観客を困惑の状態に引きこむ必要があることをわかっていた。《六月十八日のアピール》のあとのフランス国民の反応もそれと同じだった。うまくいけば、ドゴールとペタン、抵抗精神の不屈の英雄主義と妥協の卑怯な安楽の間に秘密の合意が成立することを願っていた。《歴史》がギリシャ悲劇に近づくシナリオを想像することもできたはずだ。ドゴールが自殺に追い込まれ、改悛したペタンの一味を死に引きずり込む。名誉は守られるが、フランスは消滅する。ドゴールは勝利を収めたアンティゴネだ。

理神論者で、ピューリタンで、自由思想家で、内面はジッドのままでありつづけたこのプロテスタントは、この世を去るにあたって、どうやって、「すべてよし」という真理を見つけることができたのか。アンティゴネの同類、強制収容所の地獄で拷問を受けた者たちは、どうやっておのれの信仰を取り戻したのだろうか。いかなる恩寵の時に、あるいは無分別の時に、《悪》は《神》を正当化できるようになるのか。ソルジェニツィンは、そう独創的な見解でもないが、かくもおぞましいことが可能なのは、人間が《神》を忘れたからだと、痛烈な意見を述べている。こうした懲罰説は《神の選抜》の章でまた取り上げよう。ほかの何人かのカトリックの信者、さらに（とりわけ）ユダヤ教信者は、別の心の慰めの中に閉じこもった。彼らは《神》の不在を語るのだ。あのあいだじゅう、《神》はどこにいたのか。ブエノス・アイレスで、クリスチャンの小説家、エルネスト・サバト[26]が、私を前に、何年も前から恐ろしい病気に苦しむユダヤ人の妻、マチルドに触れて、問うたことばがそれだった。「あなたはどこにいたのか、あれが起きたとき」。そう始まるアルゼンチン・タンゴがある。その歌では、恋人が行ってしまったにすぎない。ここでの問題は、間近な死である。《神》は不在なのか。無関心なのか。それとも恥じ入っているのか。

プリーモ・レーヴィ[27]によれば、強制収容所の中にさえも、一方に呪われた者がいたと同時に、もう一方に、自分たちが宗教心篤きがゆえに、ニーチェの表現どおり、自分たちは苦しむほどに強くなるがゆえに、「選ばれた者」であると信ずる者がいた。

第5章　《神》に選ばれることの恍惚と苦役

最初は、《神》が単に一つの決定をしただけのことだ。《神》はまず人間を創造することから始める。そういう選択を行い、自分の気まぐれを具体的な形に実現する者を選択する。選抜はまず一つの始まりである。最初の人間というのは、当然、選抜された者ということになる。彼はただ一人の人間なのだから、選ばれるかどうかなど、問題にならない。一神教の伝統では、アダムが《地上の楽園》に姿を現したとき、彼に託された特定の使命はなかったように見える。その点では、そもそも彼は古典的な意味で選抜された者とは言えない。選抜というからには、使命がそこに含まれるからだ。彼が他の人間と違うのは、彼が一人きりだということであり、特別すぐれているという事実はない。彼はたしかに《神》に選ばれた者ではある。しかし、彼が罪を犯さないかぎり、おそらく《神》は彼をどうすればいいかわからないはずだ。それでも、《神》はアダムに地上のあらゆる動物（「腹ばいで歩く」刑を受ける以前は、どうやって移動していたのか不明の蛇を含めて）を授けたあとで、一人の女性を与えてやるのがよかろうと思いついた。まさしく彼を罪人にする役割を果たす女性だ。この二人の選ばれた者たちは何語で話したのだろう。伝説では彼女は「諸言語の母」となることになっているのだから、これは大事な問題だ。モーリス・オランデール(1)の引用だが、聖アウグスティヌスによれば、アダムとイヴはヘブライ語しか話せなかった。ヘルダー(2)、かの偉大なヨハン・ゴットフリートは、ヘブライであれ、エジプトであれ、あるいはインドのブラーマンであれ、あらゆる「起源」を理想化する傾向をもっていた。だから、ヘブライ語は《神》の息にまで源をたどれるという考えを、堂々と主張した。その理由は、ヘブライ語には文字で書き表せない母音があり、息継ぎがその母音の働きをするからだそうだ。

だが、選ばれた者ということで言えば、最初に本当に選ばれたのは、あらゆる《洪水》の生き残りだろう。いくつかの《洪水》があり、それにかんする神話が数多くあることは、よく知られている。とりわけ、ヘブライ人以前に、バビロニア人、シュメール人のあいだに、《洪水》の話が見られる。バビロニア版では、ノアはウトナピシュチムと呼ばれる。『ギルガメシュ叙事詩』(3)の有名な十一枚目の粘土板には、《洪水》の物語が書かれている。神々は、どうしようもなく堕落した人類を滅ぼすことに決めた。しかし、一人の神が、ウトナピシュチムという人間にあらかじめ知らせ、一艘の箱船を建造し、家族といくらかの動物を乗せるよう助言する。八日目に、ウトナピシュチムは神々にいけにえを捧げた。神々はそのとき、まだ地上に何人かの男と女がいることを知って、驚いた。ウトナピシュチムは生き残ったことで、選ばれた者の中からさらに選ばれた者、つまり不死の人間になり、寓話的で、誰にも近づけぬ国で生きることになる。どの伝説、どの神話でも、《洪水》の生き残りは新しい時代を開く。イランでは、《洪水》は、老いも死も知らなかった《黄金時代》を終わらせる。選ばれた者はイーマであり、彼もやはり警告を受け、最良の友人たちとさまざまの動植物の種を避難させるように手配した。

ヘブライ人のあと、ギリシャ人のあいだに生まれたデウカリオンについて言えば、父親のプロメテウスから、ゼウスが人間の滅亡を決めたことを知らされる。プロメテウスはそのわけも知っている。彼がいけにえの儀式の際、どういう料理を捧げ物にするかで、ゼウスをだましたからだ。だが、《洪水》は彼だけでなくすべての者に及び、あらゆるものを流し去り、デウカリオンだけが難を逃れる。こうした生き残りたちはみな、どのようにして選ばれたのだろうか。彼らは、人類の継続性を確保するという使命を受けるに価したのだろうか。「ノアの六百歳の年の二月、その月の十七日、その日、《大深淵》の源すべて噴出し、《天》の窓が開き、四十日四十夜、雨が地上に降り続いた」。《洪水》のあと、《神》は約束した、大地のあるかぎり、種まきの時と収穫の時が続く、と。《神》はノアとその子孫を祝福し、彼らに言った。「生めよ、増えよ、地を満たせ」。そして《神》はノアと最初の《契約》を交わし、大地を滅ぼす《洪水》はもう二度と起こらないと告げた。「虹が雲の中から現れ、《私》はそれを見て、《私》が地上の肉をもったすべての生き物と交わした《永遠の契約》を思い起こすだろう」。ということは、このとき、《神》はどの特定の民族も選んでいない。ノアのすべての末裔、人類全体に対して約束している。これは、そのあとのことにかんして本質的であり、決定的でさえある。

宗教神話からダーウィンの神話に移ろう。そこでは、選ばれた者とは、最も強い者、競争、つまり、生き残るための闘いに勝つのに最も適した者となる。気まぐれの恩恵を受けたのか、特別の才能を授かったのかはともかく、超人はそこで《神》との対話を始める。ゼウスとプロメテウス。イエスとニーチェ、《父》と《反逆した息子》の対話だ。ニーチェが望むのは、超人が自分で自分を選ぶことだ。超人は従順な息子ではない。彼は束縛としか思われない《神》の権威から逃れるのだと言う。プロメテウスが究極の刑罰から逃れるのだと言うのと同様に。ナポレオンは、教皇が皇帝の冠をかぶせてくれるのを拒否する。戴冠式を行えるのは、彼以外にはいないというわけだ。もっとも、ファラオたちには使命があったわけだし、ハムラビやギルガメシュは自分が特権をもった神であり、それは運命であると考えていた。彼らは他とはっきり区別される特別の存在である。《神》に選ばれるとは、まず、《神》と肩を並べるのではないにせよ、少なくとも《神》の力と栄光により近づくという夢である。この夢にはたちまち恩寵が結びつくことになる。この考え方は、おそらく原罪という前提から出てきたのだろう。一方にこの最初の呪いの遺産を免れる者が存在し、他方、《堕落》から《キリストによる贖罪》にいたる厳しい苦難の道を無事にたどることのできるすべての者がいる。

しかし、恩寵というのは、よく検討もされることなしに、生まれたときに与えられる不当で、気まぐれで、重大で、むちゃくちゃな贈り物である。恩寵はその価値ある者に与えられるのではないし、正当化されるものでもない。《神》は自分の気まぐれの説明はしない。ただ言えるのは、恩寵は努力や功績や闘いとは無関係に、つまり、自由のないところにやって来る。恩寵に触れた聖者は、ただ《善》の自由しかない。だからこそ、恩寵をどのように受け入れるか、何が恩寵に価するかについて、延々と公会議や、神学議論や、ジャンセニスト(4)やルター派たちの論争が続くことになった。それは誰にとっても不確実な状態である。ジャンヌ・ダルクの裁判官たちへの答弁がこれを理解する助けになる。「もし私がその状態にないなら、《神》が私をそこに引き上げてくださいますように。もしすでにそうなら、ずっと私をそこにとどめてくださいますように」。いずれにせよ、もう一度言えば、それは特権であり、とんでもない事件であって、たえず正しいものと認める必要がある。あるいはそうでなければ、ニーチェの言う無動機性とうぬぼれに戻るしかない。彼の哲学は、そもそも原罪と同じくらいペシミストな色彩が濃い。それによれば、人類は呪われてはいないにしても、卑怯で、平凡で、下劣な存在であり、救済の約束はその状態にとどめおくためにこそなされた、ということになる。
　しかし原則として、選抜の概念は自由の概念と結びついている。決定があり、選択があり、特別扱いする意志があるからだ。選ぶことは、特別の好みを示すことであり、誰かに肩入れすることと、その側に立ち、かかわりあいになることだ。選ぶことはまた、時には、代理人を指名して、派遣することにもなる。だが、逆に、選ばれることは、受け取ること、他と分離されること、ただちに異なる者になることだ。自分の意志でみずから孤独で、特別の使命を課すのでなければ、そこには自由は含まれていない。ナポレオンは教皇の手による戴冠式を拒否したが、これは《神》の気まぐれに対抗する最高の自由行為である。

　ドゴールは《神》が定めた自分の運命を信じていた。若いときから、自分が偉大な行為をなすべき定めにあると思うだけでは満足せず、次第に、一種の神秘的な源に由来する正当性を信じて進んでいった。この正当性はいずれ、かならず合法性によって支えられるはずだという自信があった。これを確実なものにしてくれるのは、彼にとっては幸運であり、フランスにとっては不運な神意以外になかった。自分とフランスを一体化する――彼はドゴールである前に、自分をドゴール〔ガリアの主〕とみなす――この執拗で、異様にも泰然自若とした個人的能力は、選抜とその神秘の、まことに見事な実例である。彼からすれば、フランスという国自体、国々の中から指名され、公認され、選ばれた、つまり、存在論的偉大さによって選び抜かれた国であり、フランスは偉大でなければ、フランスではなくなるのだ。ドゴールはカトリックの伝統主義の家柄の出である。それに対して、ナポレオンは《大革命》の呪われた子である。だが、二人とも神意を受けた者〔救い主〕である。一方は、歴史的継続性（ヴィシーによって中断された）に仕え、他方は自己を逸脱して征服への道を突き進む《大革命》に仕えた。

実は、選抜を求める気持ちが生じるとき、同時に、何か聖なるもの――他と分離された不可侵のものを作り出そうとする欲求が動きはじめる。選抜にあずかるとか、恩寵を受けるとかいうケースの前に、世俗の領域では運というものがある。幸運は、ふつう言われるように、いつも大胆な者に微笑むわけではない。その裏返しで、不幸せな者、運の悪い者が、いつもそういった悲しい状況にふさわしいというわけではない。逆境は、あの中国の車の輪を思い起こさせる。ぐるぐる回って、順番に恩恵を授けてくれる運命の輪。星――良い星――は気まぐれだが、ごく少数の者のためにだけあるのではない。その星の下に生まれた者は大勢いる。またナポレオンのことを言えば、彼には何人も元帥がいたが、「つきのある」元帥を好んで使った。それが、彼らの才能を否定し、ひとり自分の天賦の能力だけを認めさせる、ナポレオンのやりかたでもあった。

選抜、恩寵、幸運の受益者はみな、標準から外れた別格の人間――あるいは国民――であり、その源がどこにあるにせよ、特別の恩恵の対象である。《神》、《神意》、《運命》、未知の力、時には悪魔であり、いずれにしても目に見えぬ力である。選ばれた者、恩寵を授かった者、運のいい者は、自分たちの特権を少しずつ現金に替えて、分配することができる。今度は彼らが受け取る者を指名する。大勢の者を召集するが、ごくわずかしか選ばない。君主、大統領を取り巻く側近は、選ばれた者たちではあるが、分離された者というより、恩義を受けた者である。実際、選別は、あらかじめ運命が定めているかどうかで決まる。

エリートというのは、選ばれた者である。語源は同じである。選抜するとは、選ぶことだ。教養についてよく言われることだが、教養はエリートのためのものだ。ジッドによれば、「えり抜きの精神のためには、えり抜きの苦しみがある」。選抜は能力に基づいて行われる。選ばれるのは、その分野における最優秀者である。だが、最終選抜者ではない。マルタン・デュ・ガールが言うように、エリートは平民の貴族階級から成り立つ。彼らは毎日、自分の力を証明し、自分の地位を保たねばならない。エリートというのは、仮に選ばれた者である。出自によって、相続によって選ばれた者である貴族は、自分たちが運命の恩義を受けた者であり、自分たちには義務〔借り〕があるという意識がある。スタンダールの小説で、ジュリアン・ソレルを苛立たせ、感嘆と羨望の念に駆りたてるのは、マチルド・ド・ラ・モールが身につけている自制心、勇気と意志力と高慢を必要とする自制心である。彼女は、自分の名前と家系にふさわしい者であるための義務を自分に課している。かつて、貴族が「《神》と《祖国》と《王》」を守る使命をもっていた時代があった。やがて、彼らは、自分たちが後ろ盾にする貴族階級の名誉を汚さぬことを目標にするようになる。彼らの多くは、社会的な意味での選ばれた者でも、エリートでもなくなる。プルーストの小説で描かれる貴族の救いになっているのは、彼らの真似をし、同じようになりたがるスノッブをいまだに惹きつける能力である。

「中世絶対主義の起源」が専門の歴史家、エルンスト・H・カントローヴィチ(5)は、皇帝フリードリッヒ二世(6)（西洋の最初の絶対君主。一一九四年に生まれ、一二五〇年に死ぬ）の伝記で、選ばれた者がいかにして生まれ、作られ、育てられたかを明らかにした。この伝記は、あまりにも見事な出来で、あまりにも予言に満ち、超人の到来を告げるものだったから、この保守的なユダヤ人の著者は、ドイツを去らねばならなくなり、ゲッベルス(7)に続いて、ヒトラーその人もこれを枕頭の書とするという悪い知らせを、亡命先で聞かねばならなかった。たしかに、カントローヴィチは、この浩瀚な研究書の冒頭から、宮廷人や群集の口を通じて、東洋と西洋を統合する「未来の救世主」としてのこの子供を描写している。この神の摂理による未来の君主について、すでにブルトン人の魔術師、マーリン(8)がその不思議な誕生を予言していたが、ヨーロッパ中で、演説や祈りや説教や風刺文書で、彼を称えていた。僧ヨアキム・デ・フローリス(9)は、この子の中に世界の新しい支配者(同時にアンチ・キリスト!)を見ていたが、皇后が悪魔の子を宿したと主張した(コンスタンツェがフリードリッヒ二世を生んだとき、四十歳だった)。その運命の日、彼女は、初めての、そして最後の出産をしたのだ。その後、フリードリッヒ二世自身が、自分の定められた運命にかんして、さらには自分の神格化にかんする確信を語って、周囲を戸惑わせることになる。彼は堂々と自分の誕生の地をベスレヘムとし、自分の母が「神の出自」であるとみなした。若い頃の彼の理想像は、アウグストゥスだった。その治世下に、イエスが生まれたから。みずからアウグストゥスの精神的後継者を任じ、ローマ皇帝の精神で平和な帝国を復活させようとした。当時の銀貨も、アウグストゥスの衣装をまとったフリードリッヒ二世の肖像が刻まれていた。銀貨の名前はアウグストゥス・ターレルだった。フリードリッヒ二世はやがて、自分を摂理を受けた皇帝、地上における《神》の同格者、正義の体現者、《神》の似姿、そして《聖地》を訪れるべく選ばれた者とみなすようになった。

このフリードリッヒ二世についてもう少し続けよう。キリスト教圏が大混乱に陥っていた時代、宗教的風土は、摂理を受けた指導者の出現には好都合だった。終末論的な期待が深く浸透していたから、「救世主王」のイメージがくっきりと描かれた。フリードリッヒ二世のあと、カール五世[10]、「第二のシャルルマーニュ〔カール大帝〕」に期待が集まったし、また同様に、「ナポリ王・シチリア王」と「エルサレム王」の称号ももつ新しいフランス王シャルル八世[11]も注目を浴びた。ジャン・ドリュモー[12]の見方では、キリスト教の千年王国説、つまりキリストの再臨への期待は、ヨアキム・ド・フローリスが十二世紀に、旧約とヨハネの黙示録の預言を取り上げて、書き記したものからの影響が大きい。このカラブリア[13]の僧は人類の歴史を三つの時代に区分した。恩寵以前（キリスト以前）の時代、恩寵の時代（《福音書》の時代）、そして最も重要な恩寵の時代（《聖霊》の御世）である。

やはりドリュモー（『天国の歴史』）によれば、イタリアのルネサンスは、終末論思想の強い影響下にある。サヴォナローラ[14]の場合がそうであり、彼はフィレンツェを第二のエルサレムとみなし、世界をただ一人の牧者によって一つの群れにまとめることのできる天使としての教皇の到来に期待をかけていた。ドリュモーを読むと、近代と千年王国思想は排斥しあうものではないことがわかる。それどころか、未来への期待と、メシア、一つの人類を統合する前に、一つの選ばれた民族をまとめるために遣わされた者への期待とが両立しうるという結論さえ導きたくなる。

クロード・ルフォール[15]は、ダンテの作品、『君主国』、仏語訳のタイトルでは『普遍的君主国』に強い感銘を受けた。彼ばかりではない。この作品は過去において、ラ・ボエシー[16]、マキアヴェリ[17]からカール五世、ミシュレ[18]にいたる、ありとあらゆる階層の人々に甚大な影響を及ぼしてきた。だが、この作品は忘れられていた。クロード・ルフォールがそこから引き出したものは、きわめて貴重である。ルフォールが強調しているのは、啓蒙時代ではなく、まさにダンテとともに、一つの人類という思想がはじめて生まれたという点である。そのとき、この人類を生み出し、人類という種を創造することが、究極目的になった。もし《神》（あるいは自然）が多様性を望んだとすれば、それは、人間がその中に自らの単一性と目的を見出すためである。この考え方は、それ以外の問題にかんしてもきわめて重要な意味をもつ。これをダンテは次のように表現している（ルフォールの引用）。「人類が最も一つになったとき、最も《神》に近づく。なぜなら、ただ《神》においてのみ、一つである本当のあり方があるのだ」。だから、『イスラエルよ、聞け。《われらが永遠なる主》、《神》は一つなり』と、書かれているのだ」。

ダンテの考えでは、ローマがカエサル＝アウグストゥスの統治下で、すべての民族を一つに集めたとき、一人の君主が現れたことを、歴史は示している。ダンテはさらに付け加えて、もう一方で、聖書の説くところでは、モーセが君主の先駆者、強制権に頼る必要なく《法》を宣する、比類なき王である、と言う。さらにまだある。これはルフォールを引用しよう。

「重要な事実は、キリストがアウグストゥスの時代に現れたのは、皇帝が帝国の全構成員の人口調査を呼びかける勅令を発したときだったことだ。この偶然の一致がわれわれに教えてくれるのは、キリストがローマ皇帝の勅令の下に生まれることを望んだのは、人類の人口調査について、《神の子》が人間として数えられるためだった、ということだ」。

しかし、《選ばれた者》の出現のあと、ダンテには、《選ばれた民》の記述がある。ダンテの目的は、まず、《歴史》が自分のうちにあらゆる民族を含めるというローマ人の使命を明示していることの証明にある。選ばれた民が存在するためには、外部の同意、市民の徳、戦乱による他の民族の衰退が必要である。ダンテにとって、選ばれた民とは、おそらくユダヤ人だったろう。しかし、ローマ人もまた選ばれた民である。なぜなら、《神》の子、イエスはアウグストゥスの治下に生まれることを望んだのだし、《摂理》はこの民族が危機に瀕するたびに、その救済に配慮したからだ。ダンテのおかげで、

「(カール五世、エリザベス[19]、フランス王アンリ二世[20]、アンリ三世[21]、フランソワ一世[22]、アンリ四世[23]の) 時代に、《神》の第一の民族の使命、ローマ人の使命の継承者としての新しい民族という神話が広まったのがわかる。この神話は、まず諸王の想像力に火をつけ、ついで、《イギリス革命》、《アメリカ革命》の時代、《フランス革命》直後の時代に、《共和国》の理論家たちの想像力の中に棲みつづける」。

ルフォールはここでカントローヴィチにならって、王が他の領主たちの中の第一人者であることをやめて、最高権力を獲得し、その結果、政治組織と一体化するに至ることを、明らかにする。要するに、私が強調したいのは、ミシュレが「すべての人種が合わさって一つになった国家」フランスに人類の行程の終着点を見るとき、彼はダンテの衣鉢を継ぐ者となる、ということだ。ミシュレにとって、キリスト教がユダ王国とギリシャの息子だったとするなら、生まれつつある新しい世界を説明する役割は、フ

ランスにあった。いずれにせよ、救済の源は《神の選抜》、《選ばれた者》、《選ばれた民》にあり、ただし、それには、この民が自分のまわりに、一つの人類の統一を図ることができる、という条件が要るのだ。

ここまでですでに、選抜をただユダヤ人のみと結びつける考え方が、いかに正当な根拠があるか、しかし同時にいかに偏っているかが、わかるだろう。実際、古代以来、メソポタミア——シュメールおよびバビロニア——、エジプト、ペルシャ、アルメニアが、それぞれの時期に、民族的ないしは宗教的選抜の旗を掲げたことを忘れるべきではない。また、こうした選抜は、ある意味では、民族の生き残り、したがって継続と切り離せない。選抜がその象徴になったのか、あるいはその発端にあるのかはわからないが。民族主義の高まり、民族解放運動の広がり、異なる技術の衝突などが選抜の神話を生み、作り出し、勢いづけ、よみがえらせる。エジプトやペルシャのように、ファラオ神による選抜、あるいは王（エチオピア君主）による選抜もあるが、アルメニアの場合は、四五一年に独立を失ったとき、アルメニア人はこれを「キリスト教第一の国家」の消滅として嘆き悲しんだ。この国家は正統派の神の使命のために選ばれた民が支えていたはずだった。のちに、ポーランド人がしばしば同じ感情をもつようになる。ノーマン・デーヴィスによれば、ロマン主義的宗教は、まわりのすべての隣人に対する優越性の確信からできていて、キリスト教の信仰、伝統的カトリックの信仰を基にして成長していった。「キリスト教ポーランド国家というイメージには、どう見ても冒瀆的な色合いがある」。未来の独立という教義は、永遠の生命と肉体の復活という教理に似ていた。国土分割の解釈には、キリスト磔刑の意味がこめられた。選抜という考えは、アイルランドやポーランドのように宗教的伝統と結びついているにせよ、スコットランド、アイルランド、ウェールズ、オランダのように、失われた祖国を再生するためのものであるにせよ、民族主義を鼓舞し、強化すると、アンソニー・D・スミスは言う。この考えは、もちろん、それと同時に、インド、バルカン、アルメニア、パレスチナのように、二つの民族集団、宗教共同体が権利を主張している地帯に衝突を引き起こす可能性もある。

ドストエフスキーは、民族主義から選抜の道に入る。ニコライ・ベルジャーエフ(24)によれば、ドストエフスキーは骨の髄までロシア人、しかも愛国者のロシア人だった。ドストエフスキーの考えでは、ロシア民族は、人類の中でただ一つ、「《神》の保持者」である民族だった。やはりベルジャーエフによれば、こうした独占的メシア信仰は、ヘブライ民族の感情と精神性がよみがえったものだ。ドストエフスキーはついに、ヨーロッパの諸民族がキリスト教徒であることを否定するまでになり、ヨーロッパに死刑を宣した。一八八〇年のプーシキン論では、フランス人も、ポーランド人も、ユダヤ人も、恩寵は受けられないと言っている。こうした暴走発言が出てくる背景に、民族的魂の特異な構造をもちだす人もいる。この魂の故国は、複雑な山も谷もなく、どこまでも平らな広がりが続いているから、ロシアの水は野放図に目的地もなく流れつづける、というわけだ。しかし、ロットマン・B・ウスペンスキーは『ロシア文化の記号論』で、十六世紀、モスクワは堂々とエルサレム、ローマに続いて、《第三のローマ》を自認した、と強調している。エルサレムの聖地は不信者のサラセン人によって汚されたから、というわけだ。

「かつてコンスタンティノープルの聖ソフィア教会は、ロシア人にとって《教会》の具現化そのものだったが、一四五三年以降は、エルサレムの《復活》教会がその役を担う。［コンスタンティノープル陥落のあと］、総主教ニコンが、モスクワの近くに、エルサレムの教会をそっくり模して、《新エルサレム》、《復活教会》を建てたのは、偶然ではない」。

一方、レオン・ポリアコフは『古き信徒たちの叙事詩』の中で、ためらうことなく、ロシア人の選抜の主張を大公イワン三世[25]の長期治世（一四六二―一五〇五）の時代にまでさかのぼらせる。

「ロシアの聖職者たちは、さまざまな系譜伝説と、《神聖帝国》の皇帝に対するロシア君主の、つまり、ローマに対するモスクワの優先権を証明するための論拠を組み立てた。それで、彼らはキリストのロシア人へのお告げを、使徒アンデレのモスクワ大公国旅行にまでさかのぼらせた」。

ほぼ同時代、一四九二年以来、コロンブスは、自分が《地上の楽園》に近づきつつあることを疑わなかった。ジョアン公に宛てて、彼は書いている。「神は私を、エサイの口を通じて語り、ヨハネの黙示録で語った、あの新しい天と地の使者にしてくれました。これからその場所を教えてくれるでしょう」。大発見の報に接して、イベリア諸国では、千年王国説に沸き立つ。リスボンが、ジョアン四世[26]時代の説教師たちによって、地上の《キリスト王国》の中心となる定めを受けた地として選ばれる。約束された《新大地》というテーマは、コロンブスによってアメリカ大陸に運ばれ、彼はスペインの国王たちに世界の救世主の使命を授ける。ペルーでは、フランシスコ・デラ・クルスが、リマに新しいエルサレムを見る。

イギリスについては、ハンフリー・ギルバート卿(27)が一五八三年、《神》のことばはしだいに西に向かって進んだ、と断言した。そこで、アメリカに移住した最初のイギリス人たちは、自分たちが「丘の上の都〔ローマ〕」を築くために「摂理によって選ばれた」と考えるようになる。ミルチャ・エリアーデ(『源泉へのノスタルジア』)は、植民地で最も人気のあった教義は、アメリカがキリスト再来の地として、あらゆる国の中から選ばれたとするものだったことを、指摘している。一部の神学者たちは、アブラハムの《契約の箱》をイギリス人のもとに移した。彼らの一人は冷静に記している。「イスラエルの《神》はイギリスの《神》に他ならない」。

これもミルチャ・エリアーデの説だが、合衆国は、実は、地上の楽園を求めるプロテスタントの《宗教改革》の産物だった。人々はこの楽園で《教会》の改革が成就することを期待していた。開拓者たちは、「紅海を渡ったあとのイスラエル人の状況にある」と思い、イギリスにいたときの条件をエジプトでの奴隷状態のようなものとみなしていたらしい。合衆国に呼ばれた者すべてが選ばれた者であるかどうかについて、論争が起こった。クラレンス・ヴェア・スティーグは、『形成時代』にかんする研究で主張している。「長老派は、《教会》が選ばれた者、すなわち清らかな者、救済された者、悔い改めた者と同様、選ばれざる者(改心しない者)も含めるべきだと断言した。長老派は、誰が本当に《神》に選ばれた者であるかを、自分たちでは決められなかった。それに対して、会衆派はそれをはっきりと見分けることができるし、《教会》は清らかな者だけを集められると考えた」。

さてここで、ドイツを避けて通るわけにはいかない。自分たちが他のどの国民よりも使命を授けられ、運命づけられていると信じ、そう自称した国民。ヒトラーにはなんのためらいもない。二つの民が選ばれている、ユダヤ人とドイツ人だ。しかし、選抜の席に着くのは、ただ一つだ。ヒトラーは、ユダヤ人種を呪う前に、まことに遺憾ながら、自分たちと対等な者としてこれに敬意を表する。ただ、選抜を唯一の国民だけの特権として定義するから、もう一方を滅ぼさなければならない。

エルヴェ・ル・ブラ(28)（『土と血』）は記す。

「ドイツ人が偉大な民族に対して感じる不思議な魅惑。彼らは、自分たちがカール大帝、赤髭王フリードリッヒ一世(29)、フリードリッヒ二世ホーエンシュタウフェン治下のローマ人の末裔であると思いこみ、また教皇権についてもローマから引き離して、自分たちのものだと主張した。彼らはルターの教えに従って、『旧約聖書』を独り占めにする。ヒトラーがユダヤ人に向けた憎悪の奥には、ユダヤ人が実際にもっていると考えた特質を自分たちももちたいという欲求がすけて見える。つまり、ユダヤ人は血統と、統一と、慣習を守りぬいた。彼らはみずからの宗教を保った。そして、もうじき世界支配を果たすように見える。彼らは脱出の激動に耐えた。ヒトラーによれば、ユダヤ人は理想のドイツとその運命を先取りしている（この選ばれた双子の民族は、ロムルス[30]とレムス、アベルとカインのように、またアフリカの多くの神話に例があるように、片方の運命が実現するには、もう一方の消滅を必要とする）」。

ドイツ、ユダヤ両民族の比較についての、最もすぐれた証言は、ヘルマン・ラウシュニッヒのもの（『ヒトラーは私に語った』）だ。だが、まだ他にもあって、しかも奇妙なものもある。世界ユダヤ人会議の議長、ナウム・ゴールドマン[31]が、ユダヤ人の天分とドイツ人の天分ほど似ているものはないと、断言するのを聞いたことがある。哲学的思索と音楽の仕事への適性、言語学に対する好み（決疑論の形式?）。私にはよくわからないことが、よくあった。ゴールドマンはこの両民族を、競争・対立ではなく、相補・共犯関係の下に、引き合いに出した。著名なドイツおよびオーストリアのユダヤ人、ドイツ、オーストリアを故郷と感じ、そこで自分の運命を全うした人の数は、びっくりするくらいだ。シュテファンとアルノルト・ツヴァイク[32]は、ドイツ語を祖国とするユダヤ人芸術家社会で生活した。同じことが、スペインのユダヤ人、フランスのユダヤ人について言える。《異端審問》以前に、スペインのユダヤ人はスペインと一体化していた。ヴィシー以前に、ユダヤ系フランス人の愛国心の証言——そう呼ばれることを彼らは望んだ——は、マルク・ブロック[33]の書いたものに要約されている。マイモニデスは、コルドバのアラブ文明に対する深い親近感からなる呼びかけを書かなかっただろうか。こういうエピソードはいくらでもあるが、事実として、ドイツ人とユダヤ人が同じように自分が選ばれた者であると感じたことを忘れてはならない。ただし、同じなのは、そう感じる気持ちの激しさだけだったが。こういう比較を続けて悦に入るのは、慎みに欠けることであるのは、私も十分意識している。そこからどんな意味が現れてくるかは自明であり、それは私にとっても辛い。というのは、たとえユダヤ人が《神》によって自分たちが指名された理由を忘れたときでも、世界を支配しようとしたことは一度もない。十九世紀末、最初のポグロム〔ユダヤ人虐殺〕が起こったロシアで作られた恐るべき偽文書『シオン長老議定書』を信じるなら、話は別だが。しかし、相互排斥の本質は教訓的であり、今も考えるに価する。

なぜ《神》はイスラエルを自分の民族だとし、他の民族をそうしなかったのか。なぜファラオたちの夢の中に現れることを選ばなかったのか。あるいは、あとでその地から追い出すことになるとしても、カナンにいた民族たちと契約することを選ばなかったのか。こうした疑問はさておき、イスラエルの《神》は他の民族の神があまり好きではなかったことを、確認しておこう。『聖書』では、地上の強大な王であるファラオは、自分たちの神々をもっていた。しかし、他の民族の《神》を尊敬し（認め）、ヘブライ人の《神》を恐れていた。つまり、すべての者が、《神》がある特定の民族と特別の契約を結んだことに気づき、理解し、受け入れていたことになる。『聖書』の編者は、この《契約》がヘブライ人の敵にも認められたものとして紹介しているのだ。イスラエルは、この事実によって、選ばれたにせよ、呪われたにせよ、他の民族にはよくわからない使命を受けた、特別で、神聖で、分離した民族となる。この民族には一つの土地が与えられ、彼らはそこに国を作り、国家を作ることになる。イスラエルは最初から（そして二千年後も変わらないが）、他の国家と同じ一つの国家であり、そこには他と異なる一つの民族が住む。国家の指導者は矛盾した立場に置かれる。普遍性を証明する例外的存在として行動することと、エマニュエル・レヴィナスによれば、『聖書』に名が挙がっている「六十の国民」に共通の規則と義務に則って国家を導くことという両方の仕事をやりとげなければならない。

アンリ・アトラン[34]（『選ばれたと言われる民族』）によれば、

「古い民族の起源神話がもつ多神教的背景の下に見るなら、自分たちの《神》によるある民族の選抜は、そこから生じる分離も含めて、なんら例外的なものではない。『聖書』は、少なくとも最初のほうは、イスラエル民族の起源神話として読まれるべきである。古代のすべての民族、非西洋文明に属する多くの現存する民族は、彼らの神との関連において定義されてきたし、いまも定義される。［……］ギリシャ人にとっては、他のすべての人間は野蛮人であったし、インド諸族にとっては、人類は自分たちと他の者に分類され、人間という名前が彼らに使われるなら、他の者にはあてはまらない――あるいは、その逆なら、他の者だけが人間となる――ほどである。あるいは、イスラム教ドルーズ派では、自分たちの秘密の伝統が彼らを分離された民族として保存し、知的エリート層を育て、この層は民族の内部で相対的に分離されていった。さらにまたエスキモーの神話では、他の部族や白人とはまったく異なる起源が立てられる。要するに、自分たちの《神》によるある民族、ある部族の選抜と、それと対をなす人類の他の部分との社会文化的差異化とは、大半の文化の起源に伴う「神話意識」に見られるごくありふれた事実である。

したがって、『聖書』に語られているような、彼らの《神》によるヘブライ民族の選抜は、まずこうした起源神話を背景にして理解されるべきである。どの民族も、かならず自分を宇宙の中心と考える」。

どの時代でも、ある民族に与えられた特別の使命というものは、他の民族には耐えがたいものに思われた。特権はそれ自体、つねに物議をかもす種になる。追従者のねたみを買い、弱者の不安を呼ぶ。それに対して、特権が共感、あるいは単に寛大な気持ちでも抱かせるのは、特権の受益者が選ばれたのも尤もだと思わせる行動によって、その特権の釣り合いが取れる場合に限られる。つまり、個人なり民族が自分は選ばれた者だと主張すればするほど、彼らはより多くのものを期待されることになる。十九世紀の大女優サラ・ベルナール(35)は、ユダヤ人の友人たちには、どんな欠陥も許されないことに気づいて、こう言った。「私たちだけが聖人であることを要求されるのだわ」。選ばれたがゆえに、聖人でなければならない。自分が選ばれたと言うからには、他の人と同じではいけないし、目立たなかったり、よく見えなかったり、大衆の中にまぎれ、無名で、控えめであったりしてはいけない。サラ・ベルナールはそれに答えて言った。「私が自分にそう言うわけではないのよ。あなたがたが、私たちはそういう人間だと言うのよ」。そう言うのがユダヤ人であれ、他の者であれ、結果は変わらない。《神》が口出ししなければ、何か解決策があるかもしれないのだが。しかし、ユダヤ人の住民がある国に同化するようになると、たちまち、決まって迫害が始まるかのように、事態は進行するのだ。

たしかに、すべて、まちがいなくすべてが、《契約》とともに始まる。《契約》は、アダムに告げられ、ノアに繰り返され、アブラハムに約束され、モーセに確認され、《預言者》や《王》に授けられた。これはイスラエルの《神》の最高の贈り物、世界を開く、根源的な贈り物なのだ。これはまた同時に、束縛でもあって、これから逃れるには、裏切り、冒瀆するしかない。《契約》にまつわるさまざまな儀礼があり、義務があり、成人式の祝い、洗礼や堅信もあった。ヤハウェが百歳に近いアブラハムと、その最初の息子、十三歳のイシュマエル（イサクはまだ生まれていなかった）に課した割礼。安息日の遵守。《十戒の石版》を読み、守ること。この《契約》は保護と、おそらく永遠の生存と継続性の保証、イスラエルの敵が彼らを永久に全滅させることは絶対にありえないという確信の保証を含んでいる。それが希望と呼ばれるものである。ギリシャ人はもっと慎重だったから、これをパンドラの箱に封じ込めた。

そこで、ユダヤ人は傲慢であり、優越感をもっているという非難を浴びるたびに、いつも賢者やラビ、あるいは単に弁護士が現れて、《契約》の立場を擁護し、選抜を正当化した。どの時代にも、そうした例が見られる。あの幸福だったアンダルシアで、マイモニデスはパスカルの『プロヴァンシアル』にも匹敵するアラビア語の文体で、博識かつ論争的な擁護論を書いた。選抜のこうした正当化の試みはしつこすぎるようだが、ごく当然でもあったろう。つい最近も、ある朝なにげなくテレビをつけたら、司会者のラビ、ジョシー・エイゼンベルクが、この点にかんして、老獪で博識の相手、グロス教授に質問していた。

申命記と預言者アモスに言及して、教授は、視聴者を巻き込みそうな確信をこめて、一連の主張をまくしたてた。まことに本質的ではあるが、もちろん、つねに議論の余地の多い主張だ。彼によれば、《神》は人類に属する。だから、イスラエルの《神》」について語ることはできないし、語るべきでもない。イスラエルは《神》の啓示者にすぎない。たしかに、イスラエルは、人間たちに《神》を知らせ、恐れさせ、愛するようにさせるために、《神》によって選ばれた仲介者ではある。この選択は選抜ということになった。しかし、《神》自身はそれを、ある民族に対して行った賭けとしか見ていない。《神》がこの賭けを、四十年にわたる砂漠横断にさいして、イスラエルが示した不実とためらいにもかかわらず、守りつづけたことを、思い起こすべきだろう。この四十年間に、《神》はしばしば民族を取りかえる誘惑に駆られた。しかし、この選抜の中身は、義務と隷属であって、特権ではない。《神》はイスラエルに《神》の使者になるという輝かしい名誉を与えたのだから、彼らにすべてを要求し、たえず彼らを懲らしめる権利を保留している。カナンの《約束の地》には乳と蜜が流れ、その地の贈り物はイスラエル人に与えられるだろう。しかし、《神》の民は、仲介者であり、啓示者であって、明確な使命をもっている。「あなたたちは私にとって祭司たちの王国となり、聖なる民となる」（出エジプト記一九章六節）。《約束の地》以来、イスラエル人はあらゆる民に、《十戒》に則った生活とはいかなるものかの模範を示さなければならない、ということになる。

たしかにこれは、選抜概念の変遷、偏向、そして荒廃を強調するあらゆる分析に対する、最も反論しにくい回答だろう。《神》は仲介者としての自分の民に、秩序の創設者となることを求め、騎士道の国を建てた。その臣下というか市民の関心は、自分たちの土地、あるいは国家を守ることではなく、《十戒》と《普遍性》の祭司としてふるまうことにある、というわけだ。

博識のイェシャウー・レーボヴィッツ(36)は、さらに先まで行く。

「イスラエルの民は選ばれた民ではなく、選ばれる命令を受けた民である。［……］イスラエルの民は本質的な独自性はもっていない。その独自性は、自分たちに向けられている要求にある。この要求に従うことも、従わないことも可能だ。だから、この民族の運命に保証はないことになる」。

イスラエルの民、イスラエルの土地、この世にあるどんなものも、それだけで神聖なのではない。各人が、自分に差し出された《十戒》の達成によって、将来、聖人になるべく定められている。哲学者、エマニュエル・レヴィナスについて言えば、彼は次のような決定的地点に立つことを決意した。

「選抜は特権を与えはしない。選抜には道徳的意味しかない。道徳的人間とは、人の集まっている中で、しなければならぬことをする人間である。そこで、彼は自分自身を選び取る。[……]人が選抜を特権と感じることがあるとしても、それは誤りである。たしかに、迫害されているあいだ、選抜はしばしば慰めの要素となりえたが、この選抜意識はエゴイズムに導くこともあった。しかし、この概念を特権と見るべきではないと、私は強調したい」。

すでに引用したアンリ・アトランは、こうした解釈に対して、《神》によるイスラエルの選択を正当化するのは、《十戒》の達成ではなく、イスラエルがイスラエルであるという事実こそ、《神》がイスラエルを選んだことを説明するという、正規の聖書原典に基づく伝統があることを認める。これによれば、つまり、イスラエルは他と同じような、一つの選ばれた民ではない。選ばれた者の中からさらに選ばれたのであり、本質的存在なのだ。預言者アモスのことばを引用すれば、「私はこの地のすべての氏族の中で、ただあなたがただけを知った。それゆえ私は、あなたがたの罪をあなたがたの上に報いる」。あるいは、エゼキエルによれば、「あなたがたが遣わされるのはイスラエルの家である。言語不可解、発音不明瞭な多くの民のところではない」。

《契約》は、責めたてるかのように、時に怒り狂い、恋する暴君の独占欲をもって繰り返される。《神》はシオンの妬みぶかい《恋人》であり、他の誰にも属さない。

しかし、私としては、第一の解釈のほうに与し、第二の解釈は代々の反ユダヤ主義の迫害者たちが選抜を悪用してきたことへの反作用から生まれたと思いたい。ただここで言っておきたいが、ユダヤ人たちは、《十戒》を達成することで、自分たちが選ばれたことを正当化するという使命を、つねに容易だとは、あるいは人間的なことだとさえ思ってこなかったようだ。彼らはたえずこの神の命令に従うことはできなかったし、《神》が、結局、不服従に対して彼らを罰することに苦しんだ。《神》は、聖人のごとくふるまうことのできた一部の者には報いてくれる。となると、全員に等しく《契約》を与えたのは、まるで聖性が自分の作った世界に最も広く行き渡ったものではないことを、あとから証明するためであるかのように思われる。

だが、もっと先がある。ユダヤ人の中でも、信仰の篤い者は、《選抜》と迫害とのあいだに関係があるという考えを、身震いして拒む。そう考えたくなるのも、無理はない。立派な著者たちが、《洪水》と道を踏み外した人類に《神》が下した罰を結びつけているのだから。それに、ギリシャ、シュメール、インド、どこの《洪水》神話でも、そうなっている。すでに見てきたように、それはいつも神の怒りの表れだった。《神》は自分で責任を取る。「撃つこと、癒すこと、すべて私がこれを行う」（申命記三二章三九節）。だからこそ、その後長いあいだ、《神殿》の破壊、中世の迫害、さらには《異端審問》でさえ、《天》の罰とみなすことがありえたのだ。ナチスによるショアー〔ユダヤ人絶滅〕が起こって、《悪》の頂点に達したとき、《神》ともあろうもの、何よりも《唯一なる者》、《慈悲深き者》が、《彼》に似せて創造した数百万の人間を皆殺しにするのに、かくも非人間的、超人間的、反人間的な手段を用いることができたものだと考えると、ユダヤ人、いやより端的に人は思わずぞっとして、後ずさりした。この拒否は、同時に慎重さでもある。なぜなら、もしユダヤ人の人生が選抜と呪いとの交代でできていることを受け入れるなら、多くの特権者たちが《天》への、あるいは子孫への忠誠から、自分たちの特権を放棄したくなるかもしれないからだ。彼らは《契約》を明らかに重過ぎると思いかねないのだ。

それに、モーセだって、自分の使命を不毛だと時に思うことがなかっただろうか。それでも、彼は《神》を見る特権、少なくとも《神》の声を聞き、《神》と話す特権を得た。《神》は原則として形をもたず、見ることも、思い描くこともできない存在だったのだ。彼は自分の死が近いことを知らされるとすぐ、自分からヨシュアに地位を譲ることを求める。ただし、頼りない民族をカナンの入り口まで連れてきたのに、《約束の地》に入る役を奪われることには心残りを覚えるが。そして、最後の最後に、彼は言う。

主よ、あなたは私を強大で孤独な人間になさった

どうぞ静かに地の眠りに入らせてください

強大で孤独？　たしかに、またヴィニーによれば、彼は言ったかもしれない。

私が腕を広げると、みな私の前にひれ伏す。(37)

だが、そうすると、彼が述べているのは孤独であり、力ではない。この孤独は、ヨブの孤独と同様、《神》の責任である。いずれにしても、モーセは死を受け入れなかっただけでなく、その反対のことを《神》にあえて願った。彼はどういうことを言ったのか。聖書の異なる記述をまとめてみよう。主よ、どうか私に、もっと生き延びて、私のやったことの結果を見ることをお許しください。私の願いどおり、指名してくださった後継者［ヨシュア］の助手にしてくださっても、結構ですから。私は彼をテントの下で祝福し、権力を譲りました。しかし、これまでこれほどの特権と恩寵をいただいたのに、どうして急いで私を死なせるのですか。私があなたの力に疑いを抱かぬようにするためですか。ああ、私にはそうとしか思えません。私があなたの似姿に近づけないようにするためですか。でも、私はあなたにお仕えするために、生きたいのです。

聖書の編者たちは、生へのあふれる愛を伝えるこの箇所で預言を行っている。彼らが語らせるモーセに、この死という不条理、スキャンダルに対する反抗があったと伝えるのだ。ここには、このあと苦しみが神聖化されることを予告するものは何もない。選ばれた者の中から選ばれたモーセは、ストア派の哲学者や超人として死ぬのではなく、人間の威厳とも言うべきもので最期を飾る。彼は自分の民に壮麗な賛歌、聖書の詩人たちが書いた中でも最も美しい詩を送る。彼は、この世の良きものを愛し、《神》が彼の使命を終わらせるべく、彼に向けた論拠の正当性をどうしても納得しない人間として死ぬ。ポール・ベニシューによれば、アルフレッド・ヴィニー[38]の描くモーセは、《神》の偽りの加護を非難している。《神》は自分の選んだ者を共通の悲惨から免れさせたと言うが、実は、人間の最高の慰め、人間同士の友愛を彼から奪ったのだ。だが、それは、天才の孤独という問題になるだろう。聖書に出てくるモーセは、自分が《神》に見捨てられたのではなく、逆に、不可思議な過ちによって聖化されたと考える。言ってみれば、《神》はモーセの立場を一層悪くする。モーセを《聖地》を一望の下に見下ろせる丘に上らせるが、その地には入れないと明言する。でも、なぜ、なぜなのですか？「それは、おまえたちがチンの荒野にあるカデシのメリバの水のほとりで、私の教えに背き、私の聖なるあかしを、イスラエルの人々の間に示さなかったためだ。けれども、おまえは私がイスラエルの人々に与える地を目の前に見ることができる。ただし、その地に入ることはできない」。これがモーセに向けられたものであることを考えるなら、このことばは複雑である。《神》は思いなおしたのだろうか。自分の頑固さの埋め合わせをするように、きわめて稀なことだが、モーセが死の道を通り、彼の魂が永遠に向かって昇っていくのに、一群の天使を付き添わせた。伝承によれば、ヤハウェみずから、彼を埋葬した。だから、誰もどうしても彼の墓を見つけられなかった。この「神の霊感を受けた立法者、トーラの編者はすべて、彼の書記、模倣者、後継者であるにすぎない、その立法者」は、「《神》の接吻」に包まれて運ばれたのだ。

こうして、最初に区別しておいたタイプ、自分が例外的な個人的運命のために選ばれたと思う人間と、地上の使命のために集団的に、先祖代々、永遠に選ばれたと考える民族が、ここで一つに重なる。人が自分の運命と自分の民族の運命とを同一視するとき、収斂が生じる。そういうわけで、アラブ人が言うには、自分たちには天における統一という変わらぬ使命があり、それを実現するのは《神》の使者の役目である。このような収斂は、モーセと彼の民の場合ほど、霊感に満ち、一貫性と広がりをもったことはない、と言ってもいいかもしれない。しかし、モーセは死ぬとき、彼の選抜、彼の民族の選抜、《神》と結んだ《契約》が地上のあらゆる国民に夢を抱かせ、やがて証言と祈りに代わって、支配欲と優越感が幅を利かせるようになることに気づいていない。彼はまた、彼の民族がヨシュアの勝利のあと、分裂と追放と隷属の運命に会うことも知らない。そして、すべてはやり直さなければならないことも。たぶん、これからもずっと、時間が終わるときまで。

ジャン・ドリュモーの解釈を延長すれば、ユダヤ教のメシア信仰は、キリスト教の千年王国説に受け継がれ、それはまた脱宗教化して十八世紀、十九世紀の進歩の哲学になったと、主張してもいいだろう。つまり、今日までのヨーロッパ史には、ある定数のようなものがある。第二のエルサレムへの期待であり、《地上の楽園》、一つの人類へとまっすぐに進む《歴史》のイメージである。われわれの《歴史》のとらえ方は、近代哲学と同様、完全にユダヤ゠キリスト教の遺産で成り立っていることになる。選ばれた民族は、《教会》の弁神論の中に、進歩と幸福の両方を見出す。千年王国論の革命の潮流は、マルクス、レーニン、毛沢東とともに、幸福の時代への参入を準備することになる。

それはさておき、唯一の《神》が《自分の選んだ民》をどうしたのか、なぜこの民が自分が結んだ契約による使命が普遍的なものなのに、契約の特異性を守りつづけなければならないのか、よく見る必要がある。一種のユダヤ中心主義（ユダヤ民族との関係による世界の解釈）に身を委ねる誘惑は、二つの異なる態度で正当化される。一方は、ユダヤ人性を現れたままに受け入れ、この観察から合理的に結論を引き出す、というものである。ユダヤ人性はつねに迫害される。その迫害のあり方は、他のどんな例にも似ていないから、結局、ユダヤ人の世界と非ユダヤ人の世界を区別せざるをえない。そうすると、両者はたがいに世界を別の目で見るほかない。これは、言わば存在論的立場である。もう一方は、神秘的、形而上的仮説で、アブラハムと《神》との《契約》、アブラハムに提示された契約にさかのぼる立場である。つまり、イスラエルの民を導く契約を最初の族長が受け入れたとき、カルデアの半遊牧時代、四世紀にわたる追放の苦難にまでさかのぼる。そうすることで、選抜とその価値が受け入れられる。この場合、前者の立場よりもさらに、《歴史》はイスラエルの変遷と栄光に還元される。

一般に、存在論的仮説の不条理さから、形而上的というか、より正確には摂理主義的態度へと導かれる。すべては最初の時点で、《契約》のときに定められた目的の中に記されている、という立場だ。すべては、苦難さえも摂理によるものでしかない。時に預言者が《神》に反抗することもあるが、ヤハウェはいつでも契約の条項を思い出させることができる。

無宗教のユダヤ教〔ユダヤ文化〕のドラマが明らかになるのは、ユダヤ人が他と同じ人間になると言い出すときだ。そのとき、彼らは反ユダヤ主義を引き起こす。これは時代を超えて繰り返されてきた現象だから、彼らは、警告が出たとすぐに考える。もっとも、信仰の篤いユダヤ人、伝統主義のユダヤ人は、反ユダヤ主義者と同じくらい注意深く、「同胞」を正統派の道に引き戻そうとする。彼らが無宗教のユダヤ人に対していつも繰り返し指摘するのは、みな王国に属しているのだから、そこから逃れるわけにはいかないし、逃れようなどと思わないほうがいい、かならず、しかも痛い思いをして連れ戻されるのだから、ということだ。彼らは言う。スペインのユダヤ人が、自分の生まれた文明のために最もよく働いていたときに、迫害されたわけを、他にどうやって説明できるか。そのあと、ドイツのユダヤ人はプロシア人に負けないくらい愛国者で、バヴァリア人に負けないくらい優秀だったのに、不幸に落とされたわけを、どうやって説明できるか。それに、反ユダヤ主義は、ユダヤ人の行動、いや存在そのものと無関係だろうか。ポーランドではつい数年前、ユダヤ人がいないのに反ユダヤ主義が起こったではないか。

　言いかえれば、ユダヤ人は、サルトルが言うような、単なる反ユダヤ主義の視線の産物ではない、ということになる。ユダヤ教の実証性、さらには本質さえあるはずだ。そうすると、ユダヤ教と反ユダヤ主義とは、ちょうど《善》と《悪》のような精神のカテゴリーであり、ユダヤ人だって、ある時点では《悪》の側に立つこともありうると、結論を導かねばならないだろう。しかし、もしユダヤ教が《善》に対して忠実であるなら、なぜユダヤ人だけが、《善》の模範を示す義務があるのか。これは恐るべき《契約》であり、不可能な選抜である。

　この《契約》は不可能ではあるが、しかし、リュセット・ヴァレンシ(39)が『記憶の寓話』で明らかに示しているように、他の民族も含めて、未来に満ちている。彼女は、いかにポルトガルのメシア信仰の書がイザヤ書、エレミア書、エゼキエル書を基にしているかを指摘している。共通しているのは、イスラエルの罰と捕囚の記憶、改悛と許し、解放と《神》とその民との新たな《契約》、異教徒の罰と服従の記憶。「選ばれた民のテーマ、王と民族の捕囚のテーマ、《旧約》の預言や、ポルトガルのエルサレム、イスラエルとの同一視にかんする度重なる言及は、ユダヤ教の信仰が広まっていたことを推測させる」。預言者ダニエルについて言えば、バビロン、ペルシャ、ギリシャ、ローマのあと、現れるのはキリストに愛された国、捕らわれ、そして解放された王国、ポルトガル以外にないと、彼は告げる。ポルトガルはモール人の改宗、アフリカの征服、トルコ人に対する勝利、エルサレムの解放をもたらす。すべてが例の「待望の王子」、セバスチャン(40)の帰還を予告している。これ以上に象徴的な選抜は考えられない。

第6章　ムルソー、ムイシュキンと無垢の強迫観念

アルベール・カミュの遺著（『最初の人間』一九九四年五月）の最後に、宗教的な心のおののきを伝える唯一の文章がある。まるで本物の呪文の延音記号のような文章だ。

「今日彼は、自分がまるで、一撃で倒され、二度と立ちあがれなくなる運命に震えつづける孤独な剣士のように、絶体絶命の死に敢然と立ち向かって生きる純粋な情熱を抱きながらも、人生、青春、人々が彼のもとを離れて行き、どうやっても救うことができないのを感じていた。彼はひたすら、この不可解な力、これまで長いあいだ、時間の荒波から彼を守り、最も過酷な状況にも負けずに彼を育ててくれた力が、今度もまた、いつもの倦むことのない寛大さで、生きる理由、反抗せずに年老い、死ぬ理由を与えてくれるという希望に無条件に身を委ねていた」。

カミュがルールマランの別荘のテラスで、垂直に降り注ぐ太陽の光の下、この文章を書いていたとき、彼を守り、育てることのできた、あの不可解な力、老いと死を受け入れるために引き出そうと願った力とは、いったいどんなものだったのか。（かつて、『シジフォスの神話』の時代、彼は「上告せずに生き、

和解せずに死ぬ」ことを勧めていたのに)。

生気論的な、あるいはロマン主義的な解釈で済ますこともできるだろう。力は、なるほど不可解であり、したがって非合理だが、血液の酸素、感覚の爆発、魂のエネルギーのようなものだ。『結婚』の中で、カミュがティパサ(1)やジェミラでほめたたえた神々のことを考えるなら、この力は汎神論的と言ってもいいかもしれない。しかし、彼は若さとともに消滅するはずのこの力を利用し、それを老いと死の歓迎に変えると主張する。いつもカミュの筆の先からは、思わず、間接的に、あるいは暗暗裏に超越性についての言及がこぼれてしまう。

カミュと宗教、あるいは《神》との関係は複雑である。両親はカトリックだったが、彼は宗教的蒙昧主義を憎む教育を受けたプロレタリアの世代に属している。彼の幼少期、成長期の教師たちはみな反教権主義者である。『最初の人間』の結びにある、カミュの勉学の継続を可能にしてくれた小学校教師の感動的な手紙を読むべきである。カミュは彼に対して、終生忠実だった。この教師は、高齢になっても、公教育への宗教の侵入をなお心配していた……。

それでも、カミュはのちに、どんな種類の反教権主義にも本能的に背を向けたはずだ。スペインの聖職者、フランス・カトリックの序列制度にどんなに不信を抱いていても、反教権主義の闘いに、一種の卑劣さとは言わぬまでも、凡庸さを見ぬいていた。彼は早くから、一部のイエズス会、ドミニコ会の人々の活動を高く評価した。自分のまわりに宗教人がいるのは、望ましいことだ、とよく言っていた。「人にはわからないことがある、最後までわからないのだ」。彼は、世俗の人であり、不可知論者であり、おそらく無神論者だったろうが、信仰に対する根源的否定を口にすることはなかった。《神》をからかって、「彼がただ一つ言い訳できるのは、自分が存在しないということだ」と言っているが、この《不在の存在》に献身する人たちへの尊敬の念を抱きつづけた。ベルナノスの『カルメル会修道女との対話』やフォークナーの『尼僧への鎮魂歌』を賞賛した。

　しかし、カミュはマルクス主義思想批判という回り道を通って、自分の一貫した反宗教的姿勢を確立したものと考えられる。『反抗的人間』のマルクス主義に当てられた五十ページで、カミュはマルクス的世界の隠された哲学を解読しようと努める。正統派精神を分析した師のジャン・グルニエ[2]の説をさらに進め、革命への新たなる期待の宗教的源泉、つまり、《神》の超越性に代わる《歴史》の超越性という源を発見するのだ。

　人間社会は、太陽も死も直視することができないので、「人間の不条理な条件でいかさまをやるために」、超越性をでっちあげた。《神》の超越性だけではすまず、《歴史》の超越性までも。カミュはエルネスト・ルナンを引用はしていないが、ルナンは、シュペングラー[3]よりもずっと前に、幸福な社会の預言者の全体主義的、黙示録的伝統がどこまでさかのぼれるかを明らかにした。「仏陀からキュロス大王[4]まで、ヨブからエリアまで、聖アウグスティヌスからヘーゲルそしてバクーニンまで、未来の予見者はすべて、どんな楽園に入るにもかならず通らねばならぬ、贖罪の業火に備えるために、心の訓練を強くすすめた」。そのとき、この宗教的知恵の道を進む熱烈な信奉者には、すべてが約束されていた。革命への期待が生まれたとき、人々はこの知恵を科学と名づけたのだ。

　こうして、カミュはマルクス主義を、教会組織を備えたイデオロギーであり、かつ原理そのものが宗教的な教義であるとして告発する。彼によれば、それは「ブルジョワ起源の科学的メシア信仰」であり、その短期の予言はまやかしであることが明らかになったし、長期の予言は何世代にもわたる犠牲を要求している。例の《歴史》の終焉は、天の王国と同じくらい無意味である。まさにこの点で、カミュは全体主義神権政治に対するこの上なく正確な批判に達する。彼が発見したのは、どの宗教の中心にも、無垢性と有罪性があり、マルクスは彼の哲学に宗教世界の基本的要素を再導入したということだった。その要素とは、過ちと、その系である罰だ。「マルクス主義は、人間にかんしては有罪説であり、《歴史》にかんしては無垢説である」。人間はいつも、階級なき社会、《歴史》の終焉へと導く流れを遅らせるとして告発されるような状況にある。この到達点とは、ドストエフスキーが『作家の日記』に記しているような無垢の王国である。カミュにはこうした終末論に対する根本的批判があるから、われわれは、彼が聖なるものの感覚から《神》の認識にいたるまでその立場を替えたと考えるわけにはいかない。

『反抗的人間』は、一九五一年に出た。ハンナ・アーレント[5]の『全体主義の起源』と同じ年だ。政治的宗教の理論に反対するハンナ・アーレントは、カミュの主張とは逆に、マルクス主義はいかなる形の超越性も原理として立てるわけではないから、宗教と同一視することはできないという考えを弁護する。しかし、カミュは一度も、マルクスが超越性を原理として立てたとも、そもそも超越性に近づいたとも、手段として考えたとも、言っていない。超越性がなければ、宗教もないことは、みなの認める事実である。残る問題は、超越性がどこから始まるかを知ることだ。デュルケーム[6]の唱えた集団的意識は、天地のあいだを漂い、各人の意志、欲望、信仰を要約しているが、どの個人ともぴったり重なるものではない。この意識にはある種の超越的次元があるのではないだろうか。カミュにとって、数世代あとにまで先送りされる理想は、いずれかならず超越的存在としてみなされるものとなる。ハンナ・アーレントとカミュは、批判精神の廃棄へと導き、思想の自由を奪ってしまう神格化された歴史を拒否する点では、完全に一致する。しかし、カミュがマルクス主義者による《歴史》の神聖化に宗教を見るのに対して、ハンナ・アーレントは、神聖化と超越性を違うものとみなす。

無垢性の本質的テーマにかんするカミュの証言ほど、不安を与え、落着かない気持ちにさせるものはない。カミュが歩んだ道のりをたどるたびに、彼のニヒリズムに対する変わることのない緊張した拒否の姿勢に、強く打たれる。彼はニヒリズムを時代にやわらかにまとわりつく強迫観念として告発する。「現代において、人々が殺人にはそれなりの正当な理由があるとして簡単に認めるのは、このような生への無関心のためだ。これはニヒリズムを特徴づけるあかしである」。そして、これはカミュを特徴づけるあかしではない。ところで、ニヒリズムはいたるところにある。それはあらゆるものの裏の世界であり、時には、表の世界の知覚認識をかき乱す。人間は死すべきものであり、だから幸福ではない。「生への絶望なくして生への愛はない」と、彼は二十四歳のとき、書いた。来世への希望なく世界を見つめるとき、突然、不条理の観念と個の反抗が生まれ出る。それに対して、《歴史》とその犯罪の光景は、反抗を呼び起こす。多くの場合、表面に出てこないが、カミュがたえず触れようとしているのは、人が幸せで、正当な存在として生きていたはずの、失われた楽園である。この二つの形容句は無垢を意味する。そこでは、単に《神》に許される唯一の言い訳が、存在しないことであるばかりではない。人間たちがコード化された語彙の複雑さの中でたがいに作り上げた関係は、さまざまな誤解のドラマを生み出し、人間の内面の孤独を深める。ムルソーが死刑を宣告されたのは、母の埋葬のとき泣かなかったからである。また『誤解』において、チェコスロヴァキア人、ヤンは、自分が助けるはずでいた母と妹に殺される。人はムルソーと同じ理由で死ぬ。「彼は必要なことばを見つけられなかった。ことばを探しているあいだに、殺されてしまった」。カフカの作品のすべての意味がここに要約されている。

　ムルソーは原始的であり、論理的であり、ドライであり、あまり心を動かされない。彼の生活は、自閉症の子供の生活と日に照らされた石の生活とのあいだで揺れている。殺人の前に彼に起こることは、すべてやさしい無関心に包まれている。読者が十分関心を寄せてくれなかったとカミュが考えたムルソーのユーモアは、彼の言動がその鉱物的論理からはみ出さないことから生じる。友情や愛情を示されると、「喜んで受ける」が、本当は、自分にはどうでもいいと言っているのだ。ムルソーはのちに犯行のあと、思い出をたぐって、この無関心と隔たりの状態を、幸せだったと考える。彼は自分の犯罪によって一変した世界を懐かしむことになるが、それが調和に満ちた世界だったことに、そもそも彼は気づいていただろうか。どこにもそれを示す箇所はない。この無関心な男は、農民のあいだでこのことばが使われる意味で、無垢〔世間知らず〕なのかもしれない。しかしいったいなぜ、彼ははっきり自覚して、世界との一体感を体験する能力を奪われているのだろうか。彼は世界を失う間際になって、やっと世界から喜びを与えられるのだ。ところで、オイディプスと同様、殺せとの運命的な命令に接したとき、彼はまるで宇宙的叙情に誘われるように朗誦する。

　「私は昼間の均衡、私が幸せであった浜辺の例外的な沈黙を破ってしまったことを理解した。そこで、私は動かない身体にさらに四発撃った。弾丸はそうは見えなかったのに、めり込んだ。それはまるで、不幸のドアをたたく短い四つの音だった」。

それまでムルソーは石の幸福、せいぜい波の幸福を生きていたにすぎない。ところがここで彼は、調和が終わったことを告げる。どこで、いつ彼はその調和を知ったのだろう。彼の過去については読者は知らない。したがって、彼が喚起するのは、他者が失った楽園である。あたかも、小説家カミュは心ならずも、ムルソーに作家自身の人生だったはずの一種の前世を貸し与えるほかなかったかのようだ。これは、ドストエフスキー、ディケンズ、ジオノによく見られる例だが、物語の論理を無視して、作家の筆が自然に動いたのだ。『白痴』の終わりに、反西欧の思いが長々と述べられるが、これは小説の主人公とはなんの関係もない。ムイシュキン公爵は、本の中で、作者の人生の過去以外の過去をもっていない。ムルソーは犯行のあとで、なぜ鋭い感覚をもつようになるのか。彼はすべてに無関心だったはずなのに、監獄での夕暮れ時、燕が空気を切って飛ぶ音を聞いて、心が震えるのだ。また公判で、ある証人が「彼は男です」と言うのを聞いて、感謝の念から、思わず彼に抱きつきたいという気持ちになる。作者のカミュは、どんなに無関心で、シニカルな主人公にも友情への欲求を与えずにはおれない。(7)

ムルソーは、殺人を犯す前には、自分がやがてそうなる運命を知らないが、自分が無垢であることも知らない。彼は何も知らない。すべてどうでもいいのだ。彼は人を殺したそのときに、自分がそれまで知らなかった幸福と無縁になることに気づく。それもオイディプスのように、神々のせいにして。殺人のあと、有罪になったムルソーは、新しい能力を身につけたことを感じる。判事と司祭が用いることばの罠をすべて外す能力。そのとき、彼は自由の極限にまで向かい、そこが彼の最後の砦となる。この単純な人間は、皮肉っぽい神が自分の王国に入るように、死の中に入って行く。彼は人間への呪いを望むところまで行く。実際、彼は、無垢が存在しないこと、自分の心がもう無関心ではないことに気づく。

私がカミュのために弁護したいのも、この考えである。無垢とは、ある無知の状態である。人は何かを無垢のまま体験することはできる。しかし、無垢そのものは存在しない。無垢とは、欠乏の無自覚であり、非在の彼岸の反映である。フィエーゾレ(8)の修道院のフランシスコ派僧侶の顔にこの反映が見られることがある。カミュも彼らの顔について記している。だが、この僧たちは世界から身を引いており、もし無垢であるとすれば、自分たちの加わっていないことについてのみ無垢なのだ。要するに、孤独であって、連帯はしていない。あとに残るのは、子供の顔である。子供はどんな楽園も失っていない。ムルソーの中には子供がいるが、神々が彼を襲った。

　私は長いこと、ムルソーの口数が少ないのは、何も言うことがないからだと、思っていた。というか、より正確には、彼は無を言おうとした。何も言わないのではなく、無を積極的なものにする。ことばも沈黙も偽造されているから。だが実は、ムルソーは本能的に理解したはずだ、人はこの世界で希望なしに、つまり未来なしに一瞬一瞬を生きることしかできないと。ことばによる表現をするには、時間がない。ことばを口に出し終わる前に、その意味が失われてしまう。彼のことばは、なんらかの明日に対する一かけらの信頼を含んでいるはずの企てなど無視する。ふつうは、時の一点が次の一点へと続くという確実性への最小限のオプティミズムがあるはずなのに。ムルソーのことばは、垂直に交わる。やがて宿命となるはずのもの、一種の知恵となるものを甘んじて受け入れるという姿勢は、まったくない。彼の反応は何も含んでいない、ただそれ自体として存在するだけだ。のちに、ムルソーが、自分の運命を耐え忍ぶのではなく、自らその進行を早めて、運命と合体しようとして、自由の眼差しを向けるとき、彼は時間を除き、消すことになる。それどころか、司祭を拒否することで、死刑執行人が処刑のさいもちたがる無垢の感覚を、人間から奪ってしまう。彼は夢遊病者と反抗者の自分の論理を突き進むように、死刑台に向かう。

ドストエフスキーは、『白痴』のムイシュキン公爵、つまり、ある意味でやはり無垢の人について触れ、『作家の日記』に記している。「白痴はこの世の人ではない。彼が人間の中に入ってきたのは、異様なことだ。彼は雌ヒツジ〔従順な信者〕の資格がある。彼はおのれの純粋さを失うことなく、罪人に混じっている」。その通りだろう。だが、ムルソーと同じで、彼は無垢〔無実〕ではないはずだ。彼は最悪の混乱を引き起こしさえする。この二人の主人公にあまり比べられる点はない。しかし、この主人公たちの二人の作者は、無垢性について同じ考え方、苦渋に満ち、困難で、不正確、いずれにせよ強迫観念的な考え方をもっている。『カラマーゾフの兄弟』の有名な対話(9)を思い起こそう。

「世界の調和は、たとえどんな子であれ、子供の涙の上に成り立っていいものだろうか？」

「そうは思いません」と、アリョーシャはイワン・カラマーゾフに答えた。

「それでも、おまえは世界の調和を築く建築家になることを承知するのかい？」

「いいえ」と、アリョーシャは静かに言った。彼はそれでも神を信じていた。

対話はさらに続き、ついに、もし《神》が存在するなら、彼は無垢〔無実〕ではない、ということを証明するにいたる。これはおそらく、信じられないような逆説ではあるが、信じることの逆説なのだ、ということになる。

言うまでもなく、ドストエフスキーにはカミュを理解する上で、汲み尽くせぬものがあるように見える。白痴であり、無垢の人であるムイシュキンの中には、ムルソーだけが含まれているのではない。作者はムイシュキンについてさらに記している。ムイシュキンは自分を神とみなさざるをえないほど、病的に誇り高いが、同時に、自分を軽蔑する、それも限りなくとしか言いようがないほど軽蔑する洞察力を備えている。彼はクリスチャンであり、同時に信仰をもっていない。カミュ＝ムルソー、とりわけカミュ＝クラマンスが、自分自身について、少なくとも部分的にはこのドストエフスキーの記述を否定するとは、私には確信がない。

私の考えでは、カミュの鍵となる作品は『転落』である。その中心にあるのが、欺瞞と並んで無垢である。この小説に描かれている、知識人との清算というテーマは、かつては本質的であると思われていたが、今となっては二次的なものに見える。これは、かつて書かれたというか、少なくとも公にされた中で、最も大胆に身をさらした自己批判の告白である。ただし例外は、ドストエフスキー――またしても彼だが――の忘れられた告白、ロシア語で『地下室』、フランス語で『地下の人間』と題された告白である。こちらの告白の背景にある状況は示唆に富む。一八五〇年代、農奴解放直後のロシアは、極度の政治的緊張下にあり、世論が革命党と反革命党に真っ二つに割れて、対立が激化していた。作家が若い頃参加していたいくつかのサークルは、テロリズム革命の考えを生みつつあった。一冊の本、チェルヌイシェフスキー(10)の有名な『何をなすべきか？』が出版され、これはやがてロシア革命のバイブルとなり、レーニンはその長い一節を暗記した。ドストエフスキーは社会主義の理論には惹かれたが、それを現実に極端な形で適用することには嫌悪を感じた。彼は閉じこもり、数か月後に、『地下室』を書いた。

そこで『転落』のクラマンスと同じように、清潔な手をした正義の士を徹底して皮肉り、罵倒する。だが、彼のやり方は、自分自身の過去の中に潜りこみ、それまでそれが自分であるとは認めず、足蹴にしてきた自己をそのまま反映した人物像を念入りに仕上げるところまでいく。

それこそ転落である。さらにドストエフスキーの話を続けると、彼は一八六七年、ジュネーヴで行われたヨーロッパ左翼の平和会議、デモ行進に出かける。そこで誰に出会ったか。ガリバルディ(11)、ルイ・ブラン(12)、ヴィクトル・ユゴー、エドガール・キネ(13)、スチュアート・ミル(14)、バクーニン(15)である。つまり、全員である。そしてお歴々の全員が、演説者の過激な暴力論と招待されてはいなかった革命家の発言に権威あるお墨付きを与えているように思われた。その一年前、ロシアではテロリストによる襲撃が多発し、とりわけアレクサンドル二世に対するテロがあった。ドストエフスキーは確信する。自由派はどんなに洗練され、魅力的で、温厚に見えても、結局、虚無の使徒たちが説き、実行する犯罪の共犯者である、と。そこから、彼が『取りつかれた者たち』（つまり『悪霊』）を書く決意が生まれ、この作品はカミュにとって重要な意味をもつことになる。そこでは、無垢がまた新たに問題となる。ただしもう、私が主張しているように、単に無垢は存在しないということを言うのではなく、無垢を必要とすることもある人間の状況につけこむ悪を告発することが、問題となる。

カミュ＝クラマンスの告白は、もし好んで苦行を求めているのでなければ、きわめて大きな危険を冒している。というのは、友人たち、近親者たち、程度の差はあれ彼を知っているすべての人が、作者の影を認め、彼の失態やら弱点をそこに読み取ろうとし、見抜くことを、カミュは自分で知っていた、友人たちにとって、クラマンスはカミュだった。カミュの分身、彼がクラマンスと兄弟のように似ているとは、友人たちがどうしても認めたくなかった、そういうカミュの分身だ。そこで出てくるのは、『転落』の世界のあとに、なお救われるものが何かありうるのか、という問いだ。この作者はおよそいかなる形の贖罪の道もみずから閉ざしている以上、いったいどうやって地獄からの再脱出を企てることができるのか。

信仰篤い者は、いつものように、だいじょうぶ作者の魂は救われると答えるだろう。どんな罪も罪人を地獄に落としはしない。しかし、たとえこれまでなかなか気難しかった神様に罪の告白をして、罪人が清められ、無実になるとしても、さらには、カタルシスによって、生まれ変わるのに好都合な解放がもたらされるとしても、ここで取り上げられているのは、気持ちのいい愛に浸るとか、後悔の念を心の奥にしまいこむ、といった話ではない。そういうもので、人が自分の罪をあがなったり、解毒したりすることもあるかもしれないが。ここで扱われているのは、すでに無垢が失われたこと、また、人間と同じくらい退廃した世界との一体化がもう不可能になったことの、見事なほどこっけいな確認なのだ。

まして、クラマンスの心をさいなむのは、罪を犯したことへの悔いではなく、なんら悔いることなしに罪が犯されるのを見逃したかもしれないという思いなのだ。橋から身投げしたあの娘は彼を追いつづけ、無垢についての問いを彼に続けさせる。恐ろしい最後の一節を思い出そう。

「ああ娘よ、私がもう一度、われわれ二人を救うチャンスをえるために、また水に飛びこんでおくれ。もう一度なんて、軽はずみなことを！　文字どおり真に受けたら、どうなりますか。本当にやらなくちゃいけなくなる。ブルル……。水は冷たいんだ。でも、安心しましょう。もう遅すぎるのです。さいわい、いつだって遅すぎるのです」。

いつだって遅すぎる……これはピラト[16]のコンプレックスであり、さいわい、現代の秘密兵器である。クラマンスは、彼の露骨な偽悪ぶりにもかかわらず、というかそれゆえに、無垢のノスタルジア、有罪意識についての最良の語り手なのだ。ルース・レイチェルバーグが言うには、クラマンスは世界を過ちの世界として感じ、そのように生きている。たとえもう一方で、もはや過ちはないし、その人の前で自分は有罪であり、罪を犯していると感じる相手はもう誰もいないと、われわれは教えられているし、あとで見るように、カミュもそう言っているとしても。クラマンスは神も救い主もいない世界の市民ではあるが、あたかも《神》が完全には死んでいないかのような感覚をもちつづけている。だから、彼は二重に有罪である。信じないことで有罪であり、また、その前に出て罪を証明すべき相手が誰もいない以上、その有罪性についても有罪なのだ。

「しかたがないじゃないですか」とクラマンスは言う。「人間にとって一番自然な考え、自分の心の底から自然にわいてくる考えは、自分が無実だという考えですよ。この点では、われわれはみな、ブーヘンヴァルト[17]であくまでも苦情を申し立てつづけた、あのちびのフランス人と同じです。あのフランス人の言ったのは、私のケースは例外です、私は無実です、でした。われわれはみな、例外的なケースなのです」。

それでは――ここで語っているのは、カミュだ――、無垢はどこにいったのか。帝国は崩壊し、国家と人間はたがいに喉笛にくらいつき、みな口から血が滴っている。最初、われわれはそうと知らずに無実だったのに、そう望まないのに有罪となり、われわれの知恵が増すにつれて、謎は膨らんでいった。だからこそ、われわれは、こっけいにも、道徳にたずさわったのだ。欠陥をかかえた私は、徳にあこがれた。無垢の時代には、私は道徳が存在するのを知らなかった。

これで無垢の感覚――あるいは幻想――がどういうものかが明らかだろう。「無垢とギリシャの光はもうなくなった。われわれは罪の世界、すべての者の有罪性の世界に入った」と哲学科の学生カミュは、プロティノス(18)と聖アウグスティヌスにかんする修士論文に書いた。無垢は叙情にも、深刻劇にも、不死性の幻想にも導く。無垢はどこからくるのか。われわれはどんなときに無垢の訪れを受けるのか。周知のように、カミュにとって、無垢とはまず肉体であり、光だった。彼が言うには、その光は、若者がもはや若いだけの人間ではなくなると、たちまち彼らにとって耐えがたいものになる。灼熱した光に対する肉体の欲求と距離をおき……断絶することで、人は、感覚の勝利が栄光と正当化の両方を保証する岸から遠ざかっていく。無垢の中で生きたこうした時間は矢のようなものだ。この時間には、カミュがアルジェで読んだ本の中でジオノが語っている、あの「日中のまろやかさ」がない。外からは見えないが、存在論的な証拠として十全で、十分な真理をうちにもつ、この上昇運動において、人は世界の中に放り込まれたのでも、神々に見捨てられたのでもなく、自分自身によって前方に投げられることになる。この王国を去るなら、永遠の追放という自分の道を歩みつづける以外にないだろう。タルーは『ペスト』

の中で言う。

「若い頃、私は自分が無垢だという考えで、ということは、なんの考えもなく生きていた。〔……〕何をやってもうまくいった。頭の働きは軽やかで、女の受けはよく、何か不安を覚えることがあっても、そんな不安は来たときと同じように、すっと行ってしまった。ところがある日、私は深く考えるようになった」。

実は、タルーはもはや自分が勝ち誇る灼熱した光によって正当化された――これがキーワードだ――とは感じないようになったのだ。

カミュは二十歳のとき、ランボーがある日突然書くのをやめる決心をしたわけを理解した。つまり、すべてを言い尽くした、それだけだった。ランボーはカミュの心に失われた無垢の感覚を理解させてくれた。船は、人間に見えたと思ったもの、星のように輝く列島、驚異のフロリダを見たあとでは、ありとあらゆる幻想的な冒険、幼年期の世界の思いきった放蕩へと連れ出した陶酔から、もう醒める気にはならない。あとはもう、誰にも知られていない海岸、未来のアビシニアで座礁するしかない。船の陶酔は、ほかならぬ稲妻が守り手であるような閉じた世界、思春期の絶対的存在のように無垢で十全な世界のサイクロンと結ばれることだ。人は絶対からは戻ってこられない。イリュミナシオンのあとは、もう地獄の季節しかない。垂直の挑戦のあとは、さすらいの幸福な波間に沈むしかない。それは絶対から相対への、激しさから持続へ、情熱から愛情へ、《神》から人間への移行であり、この移行はまさしく断絶のあとにはじめて可能になるものであるから、死に等しい。クラマンスがここから抜け出すには、嘲笑という手しかない。

　クラマンスは幸福の記憶そのものさえ汚してしまった。たぶん彼はあの無垢＝無知とともに生きた体験があるだろう。アムステルダムの灰色の世界のかすかに見える淡い光がその名残なのかもしれない。彼は知っている、自分の幸福が他者に対する無知から成り立ち、他者を犠牲にした体験だったことを。この真実の物語では、太陽は黒い。そこでは何一つ救われるものはない。キリストさえも。

　そうだ、キリストさえも救われない。彼は十字架上で苦しむ刑を受けるが、人間たちを救おうという情熱に駆られているのではなく、《無垢の者たち》〔赤子〕虐殺の唯一の生き残りだったことを悔いる心にさいなまれている。人は世界との和解も、創造との和解も信じられない。同じように、なんでも理解してしまう不幸を背負ったシピオンが、カミュ＝クラマンスに対してあれほど奇怪で、耐えがたい魅力を発揮したカリギュラ(19)を救おうとするのも、やはり信じられない。『カラマーゾフの兄弟』の冒頭を思い出してみたい。フロイトが『オイディプス王』、『ハムレット』とともに、世界文学の三大記念碑に挙げた小説だ。父親のフィヨードル・パーヴロヴィッチ・カラマーゾフは、まるでサタンのような語り口で話し、その怖い者なしの厚かましい言動はまわりにじわじわと浸透していく。それは、悪ないし呪いの誘惑そのものだ。幸福な《黙示録》と言うべきか。ドストエフスキーは父カラマーゾフに修道院長老の力強く、フランシスコ会的な柔らかさを配する。クラマンスに対抗する者は誰もいない。彼が話しかけていると仮定されている無言の相手、やっつけられ、言いなりにされ、降参してしまったらしい相手がいるだけだ。

ここで、作家の仕事の未完成という問題が出てくる。クラマンスのあとに、何があるか。『最初の人間』だろうか。自己批評に対する自伝だろうか。聖なるものの再発見と神の認識だろうか。『転落』のあとで、カミュは魂の不滅も《キリストの復活》も信じないと確言した。ただし、だからと言って、彼は無神論者ではない。聖なるものの感覚をもちつづけていた。彼は人間の共同体にとどまるし、彼の王国は、どんなに追放の体験を重ねても、裏返し、ネガ、反映としてある何か、つまり無垢へのノスタルジアを心に抱いた人間たちの王国に他ならない。

今や、あたかも自己欺瞞の《神》が罪を唯一の武器としてたずさえて通り去り、われわれの夢見たギリシャの神の子たちをみな滅ぼしてしまったかのような事態だ。宗教が義務も制裁もなく行われていた時代。この自己欺瞞の《神》は自分に狂信の刑を宣告した。したがって、今必要なのは、この《神》から遠ざかり、今度はもう不可能な無垢ではなく、明証性の黒い太陽を拠り所として人間の仕事をすること……。

ロラン・ボーヴ(原注)のように、ムルソーにニーチェが『アンチ・キリスト』で描いたようなキリスト像を見るというのは、たしかに、魅力的な説だ。ボーヴはカミュのためにエピクロスとスピノザを引用しているが、これは分析をはなはだ複雑にしてしまっている。ただニーチェのキリストについて言えば、このキリストは現世に天の王国を実現し、罪を知らず、無垢を徹底して、《悪》に抵抗しない（《悪》を愛する？）ところまで行く、感受性の過剰から、苦しむ力のゆえに、この無垢という事実そのものによっ

原注　Laurent Bove, André Comte-Sponville, Patrick Renou : *Albert Camus. De l'absurde à l'amour*, Éditions Paroles d'Aube, 1995.

て死ぬ。これはムルソーでありうるだろうか。そうであるには、ニーチェからすれば、キリスト教はユダヤ教と同じく、病であり、生来の弱さからやさしさと貧しさのイデオロギーを作り上げた人々の妬みと恨みの表れであったことを忘れる必要がある。ニーチェにとって、キリスト教はキリストとは違うのか。言わば、《教会》はキリストではないとしよう。パウロが犠牲の概念を導入して、イエスの教えを変形し、その上に《教会》を築いた。ある意味では、キリストは犠牲者であって、その死刑執行人であるユダヤ人を罰することで、彼の運命の恨みを晴らすべきだ、ということになる。また、カミュが、できれば無条件のニーチェ好きになりたかったことも忘れないようにしよう。彼はツァラトゥストゥラに強烈な生、ベルクソン的生の飛躍への愛を見出した。単に力への意志だけではない。ところで、ニーチェは、まさにカミュがあれほど重んじた生の名において、苦しみに対する病的欲求、罪の感覚を断罪するのだ。パスカルは妹のペリエ夫人に「病気はキリスト教徒の自然な状態です」と書いているが、カミュならこれを認めなかったろう。病気とはどんなものか、カミュは知りすぎるほど知っていた。ニーチェはここでも、またここでも、あまりにも矛盾している。彼のキリストは、いかなる教えも伝えない。ルナンが描いたような天分も英雄精神ももっていない。なぜキリストが苦しみたがったのか、よくわからない。もし彼がそんなに何もない存在なら、パウロが彼の教えをあとでこしらえたとしても、許されるのではないか。そして、《神》についてなんの考えもないムルソーが苦しみたがるのは、どう考えるべきなのか。たしかに、彼は無垢である。ムイシュキンのように？　多分そうだろう。しかし、キリストや《白痴》のようにではない。彼は殺人へと導かれる。彼は、どこからもやって来るわけではない宿命によって人殺しへと導かれる。もしその宿命の源があるとすれば、一種の鉱物的必然性、内在性の神秘だろう。カミュの場合は、つねに神秘は内在的だが、キルケゴールの場合、さらにカミュにとっては残念なことにカフカの場合にも、超越的になる。

形而上的議論であれ、神学的議論であれ、理論上の難しさは、宗教だけが《悪》を考えるための唯一のカテゴリーであると主張することにある。無神論のカミュは、信者のドストエフスキーと同じくらい、《悪》の問題に取りつかれていた。無信仰のムルソーは、罪とはなんであるかを知らないが、その罪に怯えるのがムイシュキンだ。ドストエフスキーがイワン・カラマーゾフほどシニカルではないのと同じように、カミュはクラマンスほどシニカルではない。ただ違うのは、カミュの内部には、宗教的感情があって、それが彼を人間と結びつけるのに対して、ドストエフスキーの場合は、同じ感情が《神》と結びつける。この章の考察のいたるところで、宗教的なものが《天》と《地》のあいだに位置しているというう、同じテーマが流れていることが、おわかりいただけただろう。もしカミュがあいかわらず謎に包まれているとすれば、それは、彼が罪人としての自分を受け入れながら、《神》なしですまそうとするからだ。

第7章　プロメテウス幻想の終わり

われわれの青春期の神々はあまり《神》のことは気にかけていなかった。彼らははっきり無神論者を名のっていただろうか。そういう場合もあったかもしれないが、プルースト、ヴァレリー、ジッド、マルロー、サルトル、アロン、[1]カミュは、自分が単に不可知論者だと明言する必要さえ（まして、今日ではほとんどみなが身につけている慎重さも）感じてはいなかった。やがて彼らのうちのある者は、そう明言した（カミュ）。またある者は、そう受け取られるのを拒まなかった（ヴァレリー）。ロジェ・マルタン・デュ・ガールは、その円熟期に、自分の小説の主人公、ジャン・バロワにはただ一つの強迫観念、いつか死を前にして「改宗という臆病な行為」に転ずるかもしれないという強迫観念しかないと、強調した。哲学者アランは、剣を用いるように懐疑を用いると主張した。「書記」ジュリアン・バンダ[2]にとって、信じることは裏切ることのようだった。ジロドゥー[3]は、ノルマリアン〔高等師範学校出身者〕として神々と戯れていた。モンテルラン[4]がキリスト教徒を賞賛するのは、借り物の禁欲主義をまとって、カスティーリャの騎士になるときだけだった。セリーヌ[5]は、日常の現実を前に怒りまくっていたから、そのあふれんばかりの天分の力も、およそいかなる信仰とも無縁のままだった。汎神論者ジオノは、空の宇宙的重みに魅惑され、まるでマノスク[6]には彼の神々がいるかのように、ふるまった。生物学者ジャン・ロスタン[7]は、のちにモラリストのシオラン[8]がもつことになるのと同じ、ほとんど同じくらい強い影響力を、そのペシミズムから発散した。規則正しくほぼ十年ごとに、われわれはペギー[9]を再発見する。シャルトルのステンドグラスが人気の的になったことにもよるし、ベルナノス、モーリアック、エマニュエル・ムーニエ[10]と同じく、このドレフュス派の闘士のような《教会》への反逆者をキリスト教徒の中で募集するのが、時代の要求だったことにもよる。

もっとも、われわれは大聖堂を称えるように、壮麗なるクローデルを称えていた。ノートルダム寺院の支柱に漂う信仰の香りは我慢しながら。おそらくわれわれは、《芸術》の中に超越性が現れること、またマルローを通して沈黙の声が聞こえることを認めていたはずだ。芸術の創造者と創造物の前に、《天地創造》が、たしかにあった。われわれは当時は知らなかったが、エマニュエル・ベルル[11]はこう言っている。「マルローと私の共通点は、《神》の拒否を拒否するということだ」。一九一四年の戦争で、ただ一人「争いの外に」身を置いたロマン・ローランに、永遠の光を与えてくれたのは、ガンディーだけだった。詩人たち、アラゴン[12]、サン゠ジョン゠ペルス[13]、シュペルヴィエル[14]は、マティス、ブラック、ピカソと合流した。つまり、彼らは神々のあいだで生きていたから、信じる必要がなかったのだ。ユゴー翁がまさにそうであり、彼は自分の「詩人という聖職」のために弁じて、こういう華麗な表現を用いた。もっとも、彼のずっと前に、ロンサール[15]が詩人を「神々に囲まれた愛に満ち、興奮した司祭」と定義していた。NRF誌の初期に、ホセ・カバニス[16]とジャン・ラクチュール[17]はジャック・リヴィエール[18]にかんして、形而上的問いを指摘したが、この問いはジャン・ポーラン[19]の絶妙の皮肉の中に解消されていく。

実際、われわれが《神》に敬意を抱いたのは、それが他者の《神》であるときに、限られた。とりわけ、《神》が自分を複数形で述べるときだった。ジェルネ[20]、ヴェルナン、ヴィダル＝ナケ[21]はギリシャ人について、シルヴァン・レヴィはインドについて、コルバン[22]はペルシャについて、レヴィ＝ストロースはアメリカ・インディアンについて語ったが、誰も自分の研究している宗教に改宗することは考えなかった。あれほどイスラム神秘思想に接近したマシニョンでさえ、カトリックにとどまった。そのあとのジャック・ベルクも同じだった。その前には、「ピエ・ノワール〔アルジェリア生まれのフランス人〕の東洋学者」と呼ばれたマルセ[23]兄弟や、デルメングエム兄弟の例もある。《神》に関心の薄いこの時代を貫いて、時折、宗教の稲妻が走る。シモーヌ・ヴェイユの『重力と恩寵』がそうだし、今もなお不思議な性格をもつ、ゼーレン・キルケゴールの『おそれとおののき』もそうだった。このデンマークの牧師の息子は、あの有名なレジーネとの婚約を破棄したことを後悔していた。この破約を受け入れやすくするために、彼は彼女から遠ざかり、自分が厚かましく、俗っぽい道楽者に他ならないと、彼女に思わせるよう仕向けた。こうした痛悔の状態の中で、聖書のアブラハムのいけにえの話を繰り返し読んだ。彼は《神》の第一のしもべを襲ったあらゆる誘惑を想像してみる。まず、アブラハムが息子のイサクをだまそうとしたと考える。「愚かな子よ、私は偶像崇拝者だ。おまえを殺すのが、またとない喜びなのだ」。それから、そっとつぶやく。「天の《神》よ、私は《あなた》に感謝を捧げます。なぜなら、息子が私のことを怪物と考えるほうが、《あなた》への信仰を失うよりもましなのです」。キルケゴールはさらに続けて、「子供の離乳のときには、母親は自分の乳房を黒く塗ります。子供が乳房に触れてはいけないのなら、魅力を残してはいけないからです」。

このストーリーでは、もしイサクが、父親が自分をいけにえにせよとの命令を承知したと知ったら、彼が《神》への信仰を失うのではないかと、アブラハムが心配していることは明らかだ。事実、この本では、《神》への暗黙の、間接的な批判で始まっている。しかし、そのあとの部分では、《神》とアブラハムの両方を理解しようと努めている。だが、もし信仰の領域には「倫理の神学的中断」があるということを認めないなら、この理解が不可能であることは明らかだ。キルケゴールは、イフィゲネイア[24]をいけにえにするアガメムノン、自分の娘をいけにえにするエフタ[25]、自分の子供たちをいけにえにするブルトゥス[26]を非難しているが、「宗教的恐怖心なしにアブラハムを思って泣くことはできない」と明言している。キルケゴールがよく知っているのは、「なぜ《神》は、かくも恐ろしい命令を与えられたのに、たじろぎもせずに自分に従うアブラハムを軽蔑しないのか？」という問いこそ、本当の問いであるはずだ、ということだ。この神話の数知れぬ解釈の中に、アブラハムを愛に盲目になったしもべ、選ばれた人間がやがて選抜と呪いをもたらす契約に価する人間であると、《神》が確認する必要があると思ったしもべに仕立てる解釈がある。それはさておき、キルケゴールは、その「倫理の神学的中断」とともに、人を殺して自殺する道を選ぶ原理主義者の問題をそっくり提起したことになる。五〇年代、キルケゴールに魅せられ、怯えた人は多いが、誰も彼の著作の先駆的性格には気づかなかった。ドラマの必然の流れだけがそれを示す。

こうした両大戦間の無神論は、ポーランド系イギリス人の哲学者、コラコウスキーが「プロメテウス的ヒューマニズム〔人間中心主義〕」と〔一九七八年に〕呼んだものに対応すると言えるかもしれない。彼の一貫した教えは、次のようなものだ。

「人間の自己創造性には限りがない。不幸〔悪〕と苦痛は偶然のものであり、生は無限に創造力に満ちている。道徳的、知的面で、まだ有効性を失っていないものは何一つない。伝統は権威を失った。人間精神には、なんらかの啓示とか、外部からもたらされる教えなど必要がない。《神》とは、みずからを押し殺し、自分の理性を窒息させる人間に他ならない」。

これは、信者による定義――批判的――だと言われるかもしれない。しかし、コラコウスキーがカトリックだとしても、彼は自分がポーランドでの青年時代、共産党員だったこと、ワルシャワでも他と同じように、一九一七年のボルシェビキ革命が一七八九年のフランス革命と直接つながっていると教えられていたことを忘れていない。このつながりの特徴は、何よりも《進歩》への信仰にあり、この《進歩》へ向かって、《人間》も《歴史》も確実に歩んでいくとされた。このように要約された教えは、ある時期については、かなり正確なものだった。

ナチスに対する戦いが終わるとすぐに、このポーランドの哲学者の解釈を微妙に調整する必要が出てくる。(27)人間中心主義は知識階級の大部分のあいだですっかり権威失墜となった。その後に来たのは、シエストフとキルケゴールの実存的不安、ハイデガーの被投性、サルトルの嘔吐、カミュの不条理、ジョイス、ベケット、ヨネスコの無意味〔ナンセンス〕の爆発だった。虚無の魅惑を主題にしたこれらの変奏曲はどれも、当時、科学にだけ、自分の権限を委譲した。プロメテウスのことをまだ思い出すとすれば、核エネルギーにかんしてだった。われわれは、天から火を盗んだと自慢した、この英雄の最初の偉業よりも、むしろ（ハゲワシに肝臓を食われる刑を受けた）彼の最期のことを考えるだろう。もし人間中心主義がありうるとすれば、それは、人間を信じることにあるのではない。《神》を考える能力の欠如というか――《神》を人間にまで引き下げて考える無礼にある。

以上、先に引用したポール・ベニシューの著書の中で、彼がきわめて深い学識と叙事詩的精神をもって描いた道筋を、私は大まかに、急ぎ足で、当然切り詰めた形でたどろうと試みた。文学にまぎれもない歴史的な意味(《歴史》に従い、またそれを作り上げる)を与えたポール・ベニシューが描いて見せたのは、「古い宗教システムが十八世紀から十九世紀にかけて、《神》ではなく人間が首位に立とうとする信仰と競合し、取って代わられていった、その道のりである[……]。それは、フランスにおける世俗的精神権力の歴史であり、伝統的《教会》から世俗的権威へと向かった一種の権力移譲である。結局、これは文学による宗教の剝奪とみなしてもいいものだ」。ミシェル・フーコーによれば、この剝奪は《知識人》を利する形で行われ、フランスでは、知識人の望みは、「ユダヤ教の預言者とギリシャの賢人とローマの立法者の遺産の混合体」を取りこむこととなる。「知識人」のこうした役割は、ほぼ一世紀にわたって、フランスとラテンアメリカで果たされるが、革命への社会参加の問題でゆらいでくる。知識人の一部は、《神》の後見を脱しても、《神格化された歴史》の後見の下に入っただけのことだった。

「文人、学者、哲学者、評論家、要するに今日われわれが知識人と呼ぶすべての者を網羅する広範な同業者集団」は《歴史》を反映し、かつ促進するという考えを、私は借用してきた。ベニシューによれば、この集団は十七世紀から存在しているが、当時は知識人ということばは、このようには使われていなかった。「文学者」という言い方はあり、デカルトがこの表現を用いている(『方法叙説』)。この文学者というのは、プラトンの《哲学者》であり、ロンサールの《詩人＝預言者》であり、やがて十八世紀の《世俗の聖者》となり、さらにまた《哲学者〔啓蒙思想家〕》や《詩人＝博士》、最後に《知識人》となった。ここには、なんらかの霊が彼らに宿るという考えがあり、この霊は、人間の内部にある一番偉大なものを表しているが、その源はどこにあるかといえば、時代によって、人間自身に由来することも、また、よそに位置して、たいてい神とは別の霊性の中に隠れているなにものかに由来することもある。この霊性は、理性と霊的精神の起源と機能を区別しないことを、その本質とする。

この連続性に断絶が生じるのは、原罪、《転落〔堕落〕》、《贖罪》の放棄〔理神論者たちがいとも簡単にやってのける〕、ついで《神》そのものの放棄が行われたときである。われわれの現代史で一番興味深いのは、知識人が徹底して唯心論者にとどまりながら、非マルクス主義的ボルシェビズムに憧れたことだろう。これは、フランソワ・フュレ(28)が、ブルジョワジーの知的・芸術的憎悪にかんする章で、みごとに示している。ただし、ジッドの例に見られるように、無神論の唯物論の名において行われた革命に参画したいという、きわめて宗教的な欲求があったのも、事実である。いったいどのようにして、ポール・ベニシューにおなじみの霊性と個人主義に基づく世俗の聖職から、人民と《歴史》のための宗教的政治参加へと移行したのだろうか。この行程こそ、「書記〔知識人〕の裏切り」、知識人の無分別を強調するために、これまでたどってきた道である。ここで、ここから宗教による制約と超越性への欲求にかんする教訓を引き出してもいいだろう。

しかし、まず無神論の変遷に戻って、先に中断したところから始める必要がある。唯物論にはおなじ

み の、例の「アトムの非人格的作用」のうち、何が残るか。これもコラコウスキーによれば、やはり、何かは残る。それは、「人間の尊厳、ひるむことなく自己の自由に立ち向かい、純粋な意志行為によって意味を決定する能力そのものであるはずだ。自然の中に、あるいは《歴史》の中にこの意味を発見するというより、みずからそれを決定することを、十分に自覚しつつ」。かくして、ニーチェにとって、「われわれが真理を受け入れ、創造的行為によって《存在》の空白に挑戦することを可能にする尊厳こそ、幻想をもたずに生の重荷を担う唯一の方法だ」。このニーチェ主義は、今世紀の大部分に浸透している態度である。「ナーダ、ニヒル、無、これが消え去る《神》の、また《神》の退出に立会い、それを受け入れる人間の最後のことば、最後の意志である」。信者であるコラコウスキーが、ポスト共産主義時代にまた姿を現したような無信仰の形を、彼の対立する相手と共有していないとは、言いきれないだろう。

このような哲学は、自然科学において理論化された決定論をその起源ではなく、副次的主題としていた。エルネスト・ルナンは決定論について、次のように断言する。「科学に価値があるとすれば、それが宗教に代わって、人間に彼の謎を解いてくれるかぎりにおいてだ」[29]。自然科学における決定論が正式に認知されるには、ニュートンにさかのぼり、ライプニッツ、カント、ラプラスを経て、アインシュタインにいたる伝統を必要とした。ラプラスの古典的テキストは、蓋然性にかんする哲学的——時にはさらに神学的——論争に不変の基準として役立つから、ここで引用しないわけにはいかない。

「われわれは宇宙の現在の状態を、それ以前の状態の結果として、また後に続くべき状態の原因として考えざるをえない。ある一定の時点において、自然を動かしているあらゆる力と、自然を構成する事物のそれぞれの状況を認識するような知性があったとして、ただしそれらの事物を分析するに十分に広い知性が必要になるが、そういう知性なら、宇宙の最大の物体の運動も、最も軽い原子の運動も同じ一つの公式でとらえるだろう。その知性にとっては、何一つ不確かなものはなく、未来は過去と同様、彼の目には現在となるだろう」。

このテキストで問題となっている公式は、数学的なものだ。すべてを認識すると想定される知性は、抽象的仮説に属する。だが、あらゆる運動の過去と未来を統合するのは、バシュラール(30)が記すように、神の特権である。

一九七五年以前のフランスで、最新の自由の哲学は、サルトルの実存主義の哲学である。これも、ある点では人間中心主義である。その後、レヴィ゠ストロース、デュメジル、フーコーがあいついで、この哲学からはなんの影響も受けていないと言明したのは、偶然ではない。構造、神話、心性、道具に対する関心は、人類を引き受けるところまでは認めるとしても、フーコーが人間は死んだと宣言するときの人間は、完全に除外した。フーコーについては、彼は一世紀前、ニーチェが手がけた仕事と、彼による《神》殺しを完璧なものにしたとみなされた。だが、周知のように、それはニーチェのあいまいさの二つの方向の一つにすぎない。なぜなら、超人は、その道徳を超えた自由によって神々の域にまで高められる人間には違いないからだ。

それゆえ、ニールス・ボーア[31]、ハイゼンベルク[32]を中心とする量子力学の創設者たちが、非決定論の原理を導入したとき、彼らは、それまでしばしばあい矛盾していた、さまざまの哲学的主張の科学的根拠を根底からひっくり返した。非決定論とともに、《神》は一つの蓋然性、他の蓋然性と同様に排除できない蓋然性となる。《神》の不在は、より高い蓋然性をもつのではない。自由はまるで奇跡のように、現実のたがいにまったく異なるさまざまな次元の内部で、いくつもの因果系列の中に介入してくる。非信徒にとって、概念にかんする革命は、現実ということばがその意味をまったく失ったことである。つまり、これ以降は、いくつものレベルの現実がある。私がこれを書いている時点での、もう一つの概念革命（この世紀末の根本的なペシミズムを改めさせる可能性をもつ）、それは、もはや何も予測不能であり、したがって、なんでもありうる、意味でさえも、われわれの自由でさえも。そして《神》でさえも！

それでも、今日、人間の歴史は人間の疎外の歴史、人間を決定する諸力の歴史であると――いまだに、そしてこれまで以上に――考えられている。人間の歴史は、経済の上では、種々のサイクルによって整然と進行する。遺伝と環境の影響が自由と運命に取って代わる。誰かが発言するとすれば、それは、何世紀にもわたる生物学的自然と社会学的文化によって形作られた存在であって、彼がイド[33]（それ）を表現するのだ。となると、この個人とは、この主体とは、いかなるものか。彼の諸権利とは、いったいなんなのか。この権利という概念さえ、「階級支配の現実を保証し、かつ覆い隠すための形式的フィクションとして」（マルセル・ゴーシェ[34]）暴かれている。

八〇年代には、人権のテーマが、これまで合理主義あるいはネオ科学主義が支配的イデオロギーになる時代にはいつも、人々が見失った個人という概念への目覚しい回帰をもたらした。この時代は、こうしたイデオロギーが次第にマルクス主義や、経済主義、生物学主義、言語学、精神分析の結合である構造主義を一杯に詰め込んでいった、そんな時代だった。当時の傾向は、個人の自由を否定し、《歴史》の主体としての個人を疑い、世界における自分の存在の意味をおのれの内部以外に見出そうとしていた。もちろん、どんな超越性の中でもないどこか他に。

だから、とりわけこの一九九六年に、主体の哲学への、実は個人の存在そのものへのこの回帰の重要な道のりを思い起こすことが、役に立つ。なぜ特に一九九六年なのか。なぜなら、われわれはすでに、すごく若い《個人》、リンボ〔地獄と天国の中間〕から出てきたばかりで、まだ目がくらくらし、すぐ後ろを振り返りたがり、時には道を引き返そうとする《個人》を見ているからだ。ロシア、ポーランド、インド、《北》の国々に根を下ろしたこうしたすべての《南》の植民地では、神話的《黄金時代》、人間の死と《神》の死のはるか以前に失われた《楽園》へのノスタルジアが定着している。

回帰、後退は、前進と進歩の名において行われさえした。一七八九年の人間は、個人には自然権があると言った。それは革命だった。ハムラビ法典、十戒、山上の垂訓、啓蒙思想の熟成を経由して道を開いてきた運動の長い蓄積を受け継いでいる。だが、この革命は、長くは続かなかった。自然権？　自然とは何を意味するのか、よく見る必要があった。やがて社会権となるものを得て、自己を確立する可能性を、個人に与えるほうがよいとなった。これがまさにマルクス主義の軌跡である。もっとも、そう言えるのは、マルクス主義がより本物で、より根本的な個人解放の計画から出発すると主張した（せいぜい民族の偉大さだけを目指したナチズムとは逆に）ことを前提としている。マルクス主義が《歴史》において人間には責任がないことを宣言しているというか、匂わせているという考え方を、人々が完全に受け入れたことはない、としての話だ。

イデオロギーによる全体主義、あるいは宗教的な全体主義が発する問いは、次のように要約できるだろう。人は今日、しばしば彼岸に近い未来での全員の解放の約束と引き換えに、自由を放棄することができるか、ということだ。何百万ものロシア人が資本主義の混乱よりもソ連の崩壊前の隷属状態のほうがいいと思っている現在、出された問いに対する答えがそれほど簡単ではないことがわかる。とりわけ、人間の打ち消しがたい宗教的次元の要請を受け入れようとするなら、簡単なものではない。

多様な面をもつ次元。宗教への欲求はある者にとっては欠乏を、他の者にとってはノスタルジアを表す。それは、連続と内在性の世界、動物が「水中の水」のように社会の中で自分を感じる世界への愛惜でもありうる。ジョルジュ・バタイユ(35)にとっては、《事物》と《他者》との親密性の要求である。それはまた、プラトン的世界における不死の魂、エジプト人の原始の《大洋》、あるいはすべての一神教にとっての《堕落》以前の《楽園》への愛惜のように、超越的な起源の状態への愛惜でもありうる。ミルチャ・エリアーデは、古代ギリシャ、インド、キリスト教において、始まりと創生神話の時代と場所に戻る欲求と決意を示唆し、含んでいる儀礼を調べることに専念した。

マルクス＝レーニン主義が人を惹きつけ、スターリン主義になってもなお、力を失わなかったのは、起源への欲求が激しい攻撃にさらされていたからだ。一七八九年の《革命》が、その解放の叙事詩の一番輝かしい時点で、内在的親密性の快適さも、自分を守ってくれる超越性の避難所も打ち壊してしまったことを、人々はすぐには気づかなかった。近代が幕を明けるには、古いキリスト教的＝封建的確実性の大地に亀裂が入り、地震に揺さぶられる必要があった。こうした地震や亀裂の轟音は、革命のヒロイズムの熱狂から生まれた雷鳴によって、しばしのあいだかき消された。そのあと、人間は他ならぬ宗教的次元をもっているからこそ、パンがなく《神》がなくとも、ひたすら自由を糧に生きることができるというよりは、むしろ自由のために死ぬことができるということを、人々は認めざるをえなくなった。人間が自由であるという事実は、彼の宗教的本性を実現してくれるどころか、社会の中での孤立を深め、死を前にした不安をかきたてる。

どうやら、人権の哲学に熱狂的に改宗した人で、こうした観察を甘受する力をもつ者はそう多くはないようだ。そのわけは理解できる。というのは、もし全体主義体制もまた、社会の構造的欲求に応えうるし、献身、自己犠牲の集団的本能にさえ応えうると認めることができるなら、独裁政治の誕生のみならず、民主主義の脆弱さもよくわかるはずなのだ。

どんなに時代を遠くさかのぼっても、人間は社会の中で、規則に従って生き、それに違反すれば、集団的権威によって、罰せられてきたことがわかる。人はしばしば、恐れと賛嘆の入り混じった感情を込めて、野蛮な資本主義について語る。こうした感情は、人間が人間にとって狼であるという、いわゆる野蛮な社会の研究を生むことになった。しかし、原始社会の研究を重ねていくと、限定された暴力の存在が明らかになった。この暴力は、復讐も犠牲も厳密この上ない規範に対応している世界を組織し、安定させることを目指している。この点では、マルクスは正しかった。個人の社会的存在と、その生活の社会的組織化を忘れて、個人の権利を考えるのは、「ジャングル以前の場」を想像することになる。マルセル・ゴーシェは、抽象的個人が空虚な――むしろ危険な概念であることを、正しく警告していたはずだ。

「人権を政治の根源として、基礎として据えなおす方向に向かう動きが、実質的に何か新しい要素をもたらすかもしれない。ただし、それには、主体の確立と、彼が集団の中に組み入れられているという事実とを別々のこととは絶対に考えない、つまり、個人と社会とは対立する二項であり、一方の死によってのみ他方が自己を実現できるという考え方をやめるという条件が要る」。

しかし、もし個人の宗教的次元を無視し、隠蔽し、あるいは相対化するなら、個人が集団に組み入れられているという事実を考慮に入れることは、不可能であると思われる。われわれの公的・私的生活のどの時点でも、われわれの職業がふやしつづけるどの十字路でも、出来事と呼ばれる繰り返しと驚きから生じるどんな結果を前にしても、われわれが何をし、何を言い、何を書くとしても、宗教的現実に遭遇する。つまり、儀礼の従順な実行、聖なるものの感覚、絶対への欲求に接するのだ。

本書の最初で検討した学科目によって得られた知識の一つ、言語哲学を思い起こそう。この哲学によれば、言語は単に、われわれが真実とみなすと決めたことを表現するために選ばれた単語の総体であるだけではない。言語は、われわれの決定、われわれの考察とは無関係に社会学的儀礼を伝達するために、われわれに押し付けられる。ところで、無神論者、自由思想家、唯物論者が集団の壮大な意図に必要な精神的支えとか宗教的自己超克に言及するのを耳にすることがある。クメール寺院を訪れたり、大伽藍の建築を見たりして、創造力のきらめきとか、恩寵のほとばしりといった表現を思わず口にすることがある。こういうとき、頭で考えることと反射的に出てくることばの意味が矛盾していることが、忘れられがちだ。マルローにとって、これは自明のことだった。つまり、芸術が人間にとってますます価値の代用物、永遠の憧れの役割を果たすかぎり、審美哲学は宗教的色彩を帯び、たえずプラトンの世界をよみがえらせる。だが、フロベール、プルーストの場合は、それがもっと顕著になる。彼らは同じように張り切って、言っているにひとしい。《神》は存在しない、《神》はなんの役にも立たない、自分たちの芸術は神に価する、言語表現だけが生きつづける、と。私は「私は信じない」と言うと同時に、信仰を前提とするあらゆる単語を用いることができる。私は《神》を信じずに、《神》に祈ることができる。それは、私が《神》に乞い願うものは、私の共同体が《神》に託した、あらゆる属性だからだ。ポール・ヴェーヌ[36]はそのことを、彼の見事な風刺文に表した。「ギリシャ人は自分たちの神々を信じていなかった」。要するに、社会的自我、というか世俗化した自我は、宗教的なのだ。

宗教社会学者の次のことばを自覚しなければ、二十世紀末に起こった出来事を何一つ理解できないだろう。

「儀礼、つまり象徴的行為という現実も、信じること、つまり、理屈を超えて人の心をとらえている価値観を表明するという現実も、ともに排除不可能である。どんな社会も、熱狂し、自ら祝い

〈社会は記憶を起こし、記念して祝う〉、さらにまた、自己を乗り越え、自己を超えて思い出すことによって、自己を築き、存続していく。だから、宗教が種切れになるということは、考えられない。社会の動力そのものから直接出てくるからだ。つまり、もし社会に宗教が不足することがあるとすれば、社会そのものが欠乏状態にあるのだ」。

これは一九一二年のデュルケームの評価である（『宗教生活の基本形態』）。彼は宗教の中に、個々のどんな象徴よりも生き延びるべき、何か永遠のものを見ていた。デュルケームが考えたのは、「科学には宗教を否定することは絶対にできない、〈なぜなら、現実を否定するわけにはいかないから〉」ということだ。しかしだからといって、彼が超越性を認めたわけではない。彼は超＝個人的な全体を、作用する諸力のシステム、創造的沸騰状態を認識することをつねに求められる生命体とみなしていた。

無信仰者が取り入れるある種のイデオロギーがまとう宗教的な形を正確に描くために、ここで、例えばいわゆる大衆の宗教性の中に表れているような宗教的現実には背を向ける必要がある。こういった宗教性というのは、典礼好きから迷信のたぐいまで、星占い、黄道十二宮による占い道具のような、さまざまな占い術、幸運信仰と結びついた神話まで幅広いものがあるが、これらは、やはりデュルケームの表現を借りれば、「宗教生活の基本形態」に属する。世紀末とか危機の時代には、こうした神話は驚くほど勢力を強め、広く浸透する。しかし、信仰とは、なんのためらいも留保もなく、ひたすら啓示を信じることだ。啓示は、預言者と聖者のみが受ける特権を得た（《神》が彼らを訪れ、彼らに話した）のであり、その解読は、選ばれた——このまことに強い単語のあらゆる意味において——者たちに委ねられている。彼らは、やがて《教会》を形作ることになる組織を用いて、確実に預言を守らせる役にあたる。

結局のところ、どうやって内在的均衡と依拠すべき超越性への欲求を満たすことができるのか。しかも、そのとき、この欲求を満たすと主張する、イデオロギーや宗教の偏向した激しい流れに巻きこまれぬよう用心しなければならないのだ。どうやって袋小路から脱するか。自由が、いつも変わらぬ奇跡、偶然の成果、交錯する種々の決定論の閉鎖状況からもれる一筋の光でありつづけるものと決めるしかない。人間の条件は牢獄であり、そのことを忘れるのは、ばかげており、危険でもある。この意味では、氷河期のようなこの牢獄を作り上げた存在がいるとしても、彼らと争うわけにはいかない。今日、既成のすべての学問を告発することが、礼儀にかなうようだが、こうした学問はこの牢獄の屋根、壁、格子の目録を作ってきただけのことだ。しかし、モンテーニュも言っているように、体系的精神も人生をひからびさせることはないし、牢獄の内部にいても、生き方、中の改造の仕方、また時には脱出の仕方を選択できる。これは、悲劇的であるより英雄的な態度だ。こういう態度を取るなら、われわれを巻き込む運命に盲目的に身を委ねるわけにはいかない。しかしそれと同時に、科学の静謐と信仰の落着きの両方の偽の代用品になりかねないとフロイトが言った、あの幻想の未来[37]にも十分警戒せざるをえない。

エルサレムではなくアテネを、信仰ではなく科学を高く掲げて、進歩の最も熱狂的な理論家になったのは、コンドルセ[38]である。彼によれば、進歩とは限界を知らず、発見を生み、権利をもたらし、価値の源になる、万能薬のような概念である。人間にとって、つねに道徳の根拠を見つけるのが強迫観念だったから、合理主義、実証主義、マルクス主義がついに、道徳に保証を与える超越的根拠などまったく必要がないことを明らかにしたと言ってもいい。無信仰は、それを意識していたかどうかは別にして、進歩が神の代用品であるという考えに裏打ちされていた。資本主義的唯物論は、ある時期、その神学と呼ばれたものを信じた。つまり、この唯物論は効率を高めながら、同時にその実践を道徳化するという一貫性が自分には最初からあると考えた。

プロメテウス神話は、信仰の崩壊とともに、理性の限りなく強力な作用の中に姿を消したのだろうか。この崩壊と思考の道具としての理性への疑惑とを混同してはならない。ベルクソンが直観で我慢したとき、その直観を導き、想像するには、理性を用いざるをえないと、はっきり述べている。シュルレアリストの詩人、ルネ・クルベル[39]が自殺の前に『理性に対抗する精神』を書いたときも、同じだったし、今日、全体化、還元不能、複雑系の体系的理論家もまた、みな同じである。アンリ・アトランからエドガール・モラン[40]まで、研究の方向は、われわれが所有しているこの唯一の思考の道具の限界の点検であって、その廃棄に向かってはいない。だが、科学においては、プロメテウス信仰は、核分裂の可能性の発見と、さらに七〇年代末の遺伝子工学、バイオテクノロジーとともに、よみがえった。

それに対して、政治の分野において現代思想を特徴づけるのは、それがたえず防御態勢にあるということだ。《啓蒙思想》に導かれ、《進歩》の流れにそって動いた今世紀半ばに、カミュはノーベル賞を受けたが、彼はストックホルムの講演で、あえてこう言った。「私は、遺憾ながら、方向転換よりも保守に意を用いなければならない世代に属しています」。その頃、彼にとって本当は、保守主義ということばは、嫌悪の対象だったのだ。彼はひとつの世代を代表して述べたつもりだったが、実は、次のいくつもの世代を予告していた。というのは、突然、西欧思想のあちこちで、《現代》の最も果敢な精神とはどういうものかに、人々は気づいた。それは、世界を変えることを夢見、そう試みる精神よりも、むしろわれわれの意に反して進んでいく変化を手なずけ、ついで制御しようと努める精神である。そうなると、問題はもはや単に世界を理解するだけではなく、世界を変えることなのだという、マルクスの華々しいスローガンを見直すのを受け入れることになる。十九世紀の産業革命は、主人と奴隷の弁証法に依拠して、《歴史》の流れの方向転換を考えつくことを許した。価値観の危機と技術革命は、世界を学びなおし、そのあとでもう一度、今や砕けてばらばらになった《歴史》の主体となるよう促す。

無信仰の価値観であったものに頼って、ひとつの宗教を作りあげることができるだろうか。現代の多くの作品にも、あるいは政治的気質にも秘められている、この幻想は、プロメテウス神話とは別の神話が西欧の意識の中に埋もれているという事実によって説明がつく。ガリレオ神話である。《教会》は信仰をドグマの中に閉じこめることで、また、たえざる攪乱を広める教えを既成秩序の保護という使命に変えることで、反啓蒙主義の企てに加わった。反啓蒙主義は、世界中で例外的な成功を収めた。《教会》は単に科学と進歩と真理に反対するとみなされていただけではなく、人類の一部を暗黒の中につなぎとめていた。こうした人たちは日の当たる場所を許されなかったのだ。ラウル・ジラルデ(41)はイエズス会士について、彼らが黒人をどのようなイメージで描いていたかを明らかにしている。黒い人間は闇の勢力と結びつき、秘密結社の支配を強化する、と。意味論的な見方に立つだけでも、十八世紀の

《啓蒙〔光〕》という用語がいかに反作用として現れてきたかが、よくわかる。だが、一番重要なのは、反宗教的反抗の中心には、まさに宗教的存在が座りつづけていたから、無信仰がそのままの自己を受け入れるのはきわめて難しかったという点だ。ロベスピエールが《カトリック教会》の反啓蒙主義を告発しながら、まるで宗教と紛うような祭典を行い、《最高存在〔神〕》をほめたたえたのは、まさに彼自身、宗教的な人間だったからだ。

しかし、人はいつ宗教から信仰へと移るのか。儀礼、戒律、神話の全体が、ある《教会》の監視の下で、ある超越性を信じることによって整えられ、築かれるときからである。とはいえ、超越性が神性のふだんなじみぶかい表象と一体化すると考えるのは、間違いである。《理性》、《進歩》、《科学》に対する崇拝、さらには、《歴史》と《人民》の組織化された崇拝は、宗教のように儀式化される、——そして体験される——ことがある。とりわけ、《理性》崇拝がひとつのイデオロギーに、批判精神の停止を含む概念システムにいたるときには、そうなる。言い換えるなら、イデオロギーは、信奉者の宗教的側面をうまく利用できれば、いっそう宗教としての機能を発揮する。しかも、今日では、奇妙な逆転現象が見られる。イスラム教において、さらに時にはユダヤ教においても、イデオロギーが宗教として働いていたという理由で、イデオロギーから離れた者たち——つまり、反共主義者——は、イデオロギーとして機能する宗教にきわめて寛容な態度を示している。神学国家の再建が、一部の民族学者によって進歩として紹介されている。彼らは自分の研究対象たる文明に対して、進化と近代性への権利を認めないのだ。

信じることも、信じないことも、ともに困難な時代には、宗教は過激化し、イデオロギーは非合理へ向かって逃走する傾向がある。今は原理主義の時代だ。硬直化は脅威に対する反応である。硬直化は、先に指摘した排斥と排除を伴う。原理主義は、救済を求めるよりも、生き残りを求めていることが多い。自己防衛のために不寛容になる。一神教の宗教の場合には、この不寛容がさらに危険なものになるのは、その信者たちが良心に恥じるところがないと自信をもっているからだ。これらの宗教はどれも、自分たちだけが寛容だと主張しているのだから。もはや他者のため、もう一度言うなら、なによりも兄弟、隣人のための場所が存在しない。いずれにせよ、この性格は、いけにえの山羊となる個人、集団、社会を探す自然な、本能的動きとなって現れる。彼らは人類の過ちとみなされるものをつぐなうのだし、堕落と、そのあと贖罪の張本人になる、というわけだ。原理主義がどこに現れようと、どんな体裁をまとおうと、その歯止めの効かない論理では、他者を犠牲にして、救済を求めることになる。しかも、しばしば熱狂した口実を設け、犠牲の代償としての極度の興奮状態に陥る。新しいテロリズムでは、自殺する殺し屋は、人間の正義からまんまと逃れる。彼は独自の価値の基準を身につけている。自殺すれば、彼は自分用の闇の法廷に出廷できる――われわれには《光》の法廷があるのだが。殺人を犯した自殺者は、生命を抹殺するだけではない。彼は生命のいっさいの意味を奪い去る。彼はただ一回の、だが二重の行為によって、創造以前の神のごとき者になる。人間のもっている人間性が消えてゆく。

だが、理性の危機に話を戻そう。この世紀末に起こった現象で一番仰天させられるものが、一部の著名な科学者の出した結論の中にある。彼らは、科学はたえず真理を変えるのであり、科学の性質を本当に表すに価するものは、ある定理の誤りを証明する能力だけであると、公言する。科学の歴史ではまれなことだが――実は一度もない――、相対主義と謙虚さはこの段階までできたのだ。しかし、理性の危機は信者にも及んでいる。というのは、《教会》にも信仰を合理化する必要があったからだ。イギリス人の哲学者デイヴィッド・ヤングは、キリスト教における合理的なものとは何かと考え、その答えを見つけたと思った。彼の前には無数の注釈者がいたし、彼のあとにも、たくさん続いた。ところで、次第に勢いを増し、豊かになった思想の流れは、信仰の不条理を賛美するところまでいった。テルトゥリアヌス[42]の例の有名な叫びがある。「ばかげているがゆえに、われ信ず」。あるキリスト教説教師は、日曜日のテレビ放送で、聖ヨハネと聖トマスを対立させることをためらわなかった。キリストの墓を訪ね、ヨハネは何も見なかった、だから彼は信じた。トマスは見る必要を感じたので、よみがえったキリストを見た。つまり、彼は信じることの驚くべき危険を冒さなかったのだ。信仰をもっている者は、ヨハネである。かくして、神秘のもつ絶対は信仰のもつ理性にまさる。かくして、キリスト教ヒューマニズム〔人間中心主義〕でさえ、この宗教の中で、見捨てられるおそれがある。そもそも、この宗教とは、人間となった《神》、イエスの宗教であり、福音書の作者たちはイエスについて、彼は《神》を《父》、すなわち理性を備えた人間という名でしか呼ばなかったと、われわれに伝えているはずなのに。

信者のうちで、信仰は自分がたえざる危険を冒して体験すべきものであるとして、普遍性の主張を慎む者と、もう一方で、不信者のうちで、イデオロギーの密輸という形で宗教への欲求がまた現れるのを恐れて、この欲求を無視しないよう気遣う者との間には、少なからぬ共通点がある。だから、理性の危機、実際は合理主義への信仰の危機を前にして、人々は共通の立場を願うところまでいく。ゴーシェは言う。「理性が、オーギュスト・コントの図式による実証的時代の女神＝合理性として具体化されるのではなく、合理化のプロセスの限界の中におのれの姿を認めるとき、理性は成年期に入るのだ」。人間の宗教的側面、つまり、言ってみれば、人間の幼年期が、このような成年期に入ることを受け入れてもらえるようになるかどうか、これは賭けである。

進歩の観念は、科学的見地から相対化されたが、道徳的見地では完全に破産している。おそらくずっと以前から、哲学者は、古代の原型の賛美者にならって、《真》を追求すれば、かならず《善》と出会うと信じることは、もうなくなっていた。そしてマルクス主義的、時には資本主義的——企業にとって良いものは、社会にとって良い——科学主義が、《歴史》の意味に対するありとあらゆる信仰をつぎつぎと抱かせるにいたった。《歴史》には意味があり、一直線に伸び、まっしぐらに目的へ向かうと信じるなら、やがて、《歴史》はまっすぐ上昇していくうちに、民族主義的、あるいは宗教的な形のいっさいのアナクロニズムから解放されるという、楽観的な予想を立てるまでになる。それほど形而上的な言い方をしなくとも、《歴史》はただそのまま進行していけば、次第に悪から解放されるという見方を支持するようになる。

コラコウスキーは述べる。「宗教はみな、必然的に反プロメテウス的である」[43]。それは、プロメテウスが神々からその属性、特権を盗もうとしたからだろうか。ドミニク・ルクールの引用によれば、マルクスやオーギュスト・コントの目からすれば、プロメテウスは「聖書のカレンダーにおいて、聖者、殉教者の中の第一の地位を」占める。しかし、アイスキュロスのプロメテウスは公言する。「要するに、私はすべての神が憎いのだ」。またこれもルクールによれば、マルクスはこのことばに付け加える。「この信仰告白は、プロメテウスをあらゆる天・地の神々と対立させる。神々からすれば人間を信じる意識が最高の神であるとは認められない。しかし、この自己意識にライバルはいないのだ」。

おそらく今日、このような人間中心主義の楽観論と、《進歩》に対するかくも激しく傲慢な信頼を自前で取り戻せるのは、ただ宇宙物理学者と遺伝子学者だけだろう。ところで、われわれは生命が地上に姿を現して以来、最も野蛮な世紀のひとつの終わりを生きている。人間は同胞、動物、生物、自然環境を、かつてない規模で滅ぼしつつある。人間ははじめて、隣人のみならず自分の種を破壊する能力をもち、さらに遺伝子コードを操作して、自己増殖する能力ももった。その同じ人間が、今世紀のあいだに、あらゆる口実を盾にとって、未曾有の殺戮を行うにいたった。国境、民族主義、人種、イデオロギー、宗教。

そこで当然ながら、今どの民族も《悪》の問題にどういう意味があるかと、模索しているのは、当然である。もし人間が自由でないのなら、自分たちを破壊する存在をどうやって祝福できるだろう。また《神》のための言い訳として、《神》が存在しないということの他に言い訳を見つけられるだろうか。もし人間が自由であるのなら、どんな呪いがその自由を自分たちで殺しあいをすることに使うよう駆りたてるのか。またもしどの宗教も愛をほめたたえているのなら、宗教が関心を向けるべきなのは、聖典の注釈ではなく、信者がそれをいかに活かすか、ということだろう。無信仰を生き延びさせている理由は、《悪》の問題と道徳の根源の問題に宗教がかならずしも科学ほどにも十分な答えを与えてくれないことにある。聖書の中で、最も雄弁な箇所は、預言者たちが《神》に対して怒り、反抗するさまを描く箇所である。たぶん《神》は軍の指揮官であり、《全能者》であるから、あまり感心できないが、とんでもない犠牲を要求するのだろう。しかし、預言者は《神》を恐れず、非難を浴びせ、集団に対する罰をやめるよう申し述べ、《正義の人》を守り、ハガル[44]やアロン[45]に対する執拗な攻撃をしないよう要求する。ヤコブ、ヨブ、イザヤが説得力をもつのは、彼らが異議を唱えるときだけだ。《伝道の書》を読んだあとでも、人間の条件の意味を信じられると言うとしたら、それは、あくまでも信じたがる者の単純さの表れではないかと、私は思う。

したがって、無信仰の倫理というものが必要になってくる。この倫理は、信者の戒律の中でも普遍的な戒律との対比をつねに進んで受け入れる。

第8章　問いかけと聖なるもののあいだで

私はマルクスの『共産党宣言』や、『毛沢東語録』や、チェ・ゲヴァラ(1)の死の聖なる物語に見つけられなかったものを、《福音書》や、《タルムード》や、《ウパニシャッド(2)》に求めようとする人たちの対極にいる。

私は政治における絶対なるものから逃げなかったと言えるし、たえず逃げつづけたとも言える。だからと言って、現在、それを宗教の中に求めようとしているわけではない。私は、意味と救済とを取り違えはしない。宗教への欲求が聖なるものへの欲求であることに私は同意するが、この欲求を猛り狂う非合理なものによって満たすことは、殺人か自殺へと行きつくおそれがあることに気づいている。救済は個人の神秘的な確信の中に逃げ場を求めることができるかもしれないが、都市における人間の未来は問いかけの中にある。私は人間の内なる《神性》をめぐるこの散策をラモン・ルルスとともに始め、また彼とともに終わろうとしているが、彼も問いかけをやめなかった人である。

私が選び、私が願う未来、私が期待する範囲の中にある未来は、私にむりやり信者の盲目的犠牲か、選ばれた者のおぞましいナルシシズムかを選べと迫るような《神》が与える未来ではありえない。私はカミュのように、死を迎えるときには、天に対する感謝の念にも似た気持ちを抱いていたい。天は、私が幸福だった折々、胸をふくらませてくれたからだ。私は心から感謝の祈りを捧げるが、諦めの儀式（テ・デウム[3]やカディッシュ[4]）で《主》の賛美が鞭打ちの苦行を伴うのには腹立たしさを覚える。私が最後まで学びつづけるだろうと思うのは、生の冒険とは何かであり、世界に投げ込まれた存在の、取るに足らぬ、しかしかけがえのない本質であり、感覚の陶酔であり剥奪の不安であり、意識にとっての至高の幸福である。つまり、矛盾の中で生きることであるこの錯乱を、どうやって受け入れるかを知ろうとすることをやめないだろう。なぜかと言えば、生きることは老いることであり、愛することは苦しむこと、勝ち取ることは失うこと、行動することは消耗すること、築き上げることは、あとに続く時間が消えうせはしないと確信すること——なんたる不条理！——だからだ。またとりわけ、もしこの矛盾から抜け出すとすれば、神秘思想の中にある《絶対》、あるいは狂信の中にある《絶対》によるしかない、あるいは別の言い方をすれば、孤独な精神的探求の中にある《絶対》か、集団による政治的征服に変身した《絶対》によるしかないことを、知る必要があるのだ。

　私は知らぬ間に、《神》はもたないが、至上命令を伴う倫理の中に入っていた。その命令が絶対なのは、神話や習慣や聖なるものからなる、その根源がきれいに消されているからに他ならない。すでに他で書いたことだが、私にとって《神》はどこでも父といっしょにいたように思われたのだが、父がいなくなるとともに、姿を消したようだ。結局、《神》は父が死んでも、父といっしょだったのだ。しかし、私は暴力の問題、ついで悪の問題を通じて宗教のことに戻った。それから、大聖堂を繁く訪れることで、またキリストの受肉について考えることで、最後にユダヤ人の源泉とイスラム教の独自性にかんする類似した疑問を通して。こうした道のりは、ユダヤ人、ユダヤ人として生まれたフランス人、敬虔な家庭で育ったフランス系アルジェリア人としては奇妙なものだ。だが、それが私のたどった道なのだ。私はこれまで、美学をどんな価値からも切り離したことはない。これはすでに述べたことだ。ここでそのことをさらに明確に述べるのは、私が考える芸術と神との関係、とくに起源神話におけるその関係を、よりよく理解してもらいたいからだ。だから、繰り返して言うと、もし私がたとえばコルドバやプラハのシナゴーグのような、建築の傑作と言うべきシナゴーグとか、トゥルニュの参事会教会のようなロマネスク教会とか、ヴェズレー聖堂のような聖堂とか、ケイルアン(5)の理髪師のモスクやイスタンブールのブルーモスク(6)のようなモスクで育っていたとしたら、どんな人間になっていたか、現在、単に宗教に関心があるのにとどまらず、信者になっていなかったかどうか、誰にもわからないだろう。

私は同じ友人のメンバーで、十年間、トスカナ巡礼旅行を続けた。私たちは毎年、シエナで、すぐれた女性と再会し、彼女の案内でドゥッチョ(7)とシモーネ・マルティーニ(8)の『荘厳の聖母』を見た。私たちは無言だった。誰もがたがいに、ルソーが自然への没入と言った、あの状態に浸っているのを知っていた。『孤独な散歩者の夢想』で取り上げられている、感覚で熱せられた精神性の中にいたのだ。

すでに述べたことだが、私なりの回り道でイスラム教とキリスト教を通ってから、ユダヤ教に対するさらなる好奇心に到達した、というか、舞い戻った。あくまでも姿勢は問いかけであって、改宗のつもりはさらさらなかった。そして、起源神話について新たに調べる気持ちもあった。しかし、《絶対》との関係を分析することがこの本のアリアドネの糸(9)なので、キリストの謎をめぐる冒険にも、私は無関心ではない。カトリック教会のアジョナルメント(10)〔改革〕(二千年後に!)、何人かの宗教に関心の深い友人との出会い、大聖堂の静寂が、カトリック教をその長年の反ユダヤ主義、社会面での保守主義から切り離すよう私を促したときから、そこから発する光を、たとえ他の光と比べるためでも、自分が受け入れる気持ちになっていることに気づいた。エルネスト・ルナンの『イエスの生涯』を読んだことで、虚心に耳を傾ける姿勢に変わった。《啓示》をもたらす人々について語る、世俗の語り方にはいろいろある。モーセにかんしてはフロイトの尋常ならざる語り口があり、マホメットにかんしてはマクシム・ロダンソンの冷静無比の語り口がある。一方は強迫観念に基づく精神分析家の、他方はマルクス主義的歴史家の見方であるが、両方とも、とりわけロダンソンがと言うべきだろうが、あふれんばかりの教えを与えてくれた。

しかし、ルナンの『イエス伝』におけるイエスについてはさまざまな議論があったにしても、私はある一貫した人生の自然で率直な再構成を、あの作品に認めた。つまり、そこには、キリスト教がまだ正統と異端、党派主義か崇高化のどちらになるかわからぬ異端とのあいだで揺れていたユダヤ教にすぎなかった初期の時代の生涯があった。私には信仰が欠けていたし、それなりの先入観もあって、キリスト教の教えから遠いところにいた。しかし、ルナンの宗教的人間中心主義は、逆に、私をキリストの教えに近づけた。ルナンが「《神》から離れて、神性に近づく」と言うのを読んだとき、私は本当の光に全身を照らされた。というのは、私はずっと以前から、（《神》と神性のあいだの）この違いをめぐって、さまよってきたからだ。

それまで心からの尊敬の念をこめて後を追っていたカミュは、突然、私の渇きを癒さぬままに、私を残して逝ってしまった。私は《神》なき聖性をどうすべきか途方にくれた。《神》が存在するにせよ、しないにせよ、私には使命感がなかった。シジフォスは、結局のところ、その無感動な機械的行為と、たえず転がり落ち、また押し上げられる反逆の岩のせいで、いらいらさせるように私には思われた。私はまるでペストのように絶対なるものへの屈服から逃げながらも、芸術や恩寵の中に神性を求めた。この人間となった《神》、ルナンの語る、この弟子を従えた人は、あらゆる問題、まずは《悪》の問題に答えているように思われた。なにしろ、彼は人々の苦しみを分かつために やって来たのだし、不幸と欺瞞に対する答えとして、愛と神秘を掲げていたからだ。私はアウグスティヌス（『告白』）を読み始め、そこからパウロ（『ローマ人への手紙』）とアヴィラのテレサへ導かれ[11]、彼女はまたアウグスティヌスへと私を戻した。アウグスティヌスが三人の女性、女王のような、しかし魅力的な母親と、官能的な、しかし敬虔な愛人と、何も知られていない妻の三人から自由になり、《神》に一身を捧げることになった経緯を知り、私は嬉しかった。三人の人間への愛から逃れて、「愛への愛」を求めたのだ。《キリストの受肉》について言えば、そのおかげで、私は人間との和解ができた。人間がそれを考え出したのだから。こうして、わずか数年だけのことだが、初期キリスト教徒の夢と希望の道連れとして、一本の周辺の道を歩きとおした。私は、ルナンが言ったように、すべてが可能であるような、「一世紀のユダヤ教徒」であるという考えを大事に暖めた。あの時代は、ユダヤ教徒に対するイエスの信頼が、この同じユダヤ教徒と対立するイエスの内なる信仰と対立しない、祝福された時代だった。私は《神》、キリスト教徒の神であれ、他の神であれ、《神》に出会うことをちっとも急いではいなかった。しかし、いよいよ決断を迫られると、肉体の復活を信じる義務は、《神》の誘惑から私の身を遠ざけた。ユダヤ教における選抜、キリスト教における復活、どちらの概念も、私をいつもこれらの一神教の門の前にたたずませる。

しかし、《神》にとって、《彼の》息子、《彼自身》であるが、人間でもある息子をつかわすという、この考えは、すばらしい思いつきだったと、言うべきだろう——私はたしかにそう思った。思いつきというのは、単純すぎるかもしれないが、ここでは、無信仰の確認というより、慎み深い気持から、このことばを使いたい。《彼の》預言者たちみんなからあれほど抗議を受けたあとで、《彼》にはそれ以外に何かできることがあっただろうか。《彼》は何度もの《洪水》、大災害、《寺院》の破壊を引き起こしたり、見過ごしたりしたのだ。《彼》は《無辜の民》の殺戮をどうやって正当化できただろうか。一世紀になると、フラヴィウス・ヨセフとアレクサンドリアのフィロン(12)が、これらの問題すべてについて考えている。セクトの数が増え、毎日のように脱出が続く。地中海世界のいたるところに、ローマの市民権をもち、ギリシャ語を話し、なんらかのユダヤ教を信じ、実践するユダヤ人がいた。アレクサンドリアのユダヤ教徒のために、セプトゥアギンタ〔七十人訳旧約聖書〕の翻訳が行われた。しかし、残念ながら、この翻訳はまだ未完成だったし、また、この聖書は《無辜の民》の殺戮も、またたとえば、あのモーセの死の驚くべき話も正当化してくれるものではなかった。

《選抜》の章ですでに挙げたモーセ賛歌は、「預言者の中の預言者」と《神》の対話の記録に他ならないが、私はこれを読み返して、ふと、モーセが要求しているのは、結局、一種の《受肉》ではないかと、気づいた。彼の望んでいるのは何か。死なないことだ。やれやれ《ディアーブル》!と言いたくなる。そう望む理由は何か。彼が《神》に最も愛され、《神》に最も近い預言者だからだ。問いと、答えと、問い直しを何度も重ねる本当の対話を《神》と交わした唯一の預言者。他の預言者たちは夜か、夢の中か、あるいは大天使を仲介にして《神》とこれまで話したか、あるいはそのあと話すことになるのに、白昼話した唯一の預言者。ノアは？　アブラハムは？　彼らは命令を受け、約束をもらったが、契約はなかった。少なくとも、モーセはそういう論拠を立てる。それから、自分の一連の長い「奉仕の状態」を思い起こさせ、自分がこれまで受けてきた多くの特権からして、他ならぬ自分には《神》との不思議な暗黙の了解が少なくともあるはずではないかと、モーセは自問する。それが彼が突然考えたこと、慎ましい中でも最も慎ましい人、モーセが考えはじめたことだ。つねに謙虚であった人、預言者の中の最も謙虚な預言者、人々の中の最も謙虚な者。それなのに、彼は突然、疑問を抱く、私は他の連中と同じ人間なのだろうか、と。私の人生は他の人々の人生と等しく扱えるだろうか。私は無に等しい。《神》だけが何かである。《彼》はすべてなのだから。しかし、私は《彼の》被造物の中で、別なのではないだろうか。

　このような解釈は、行き過ぎと見えるかもしれないが、《神》がモーセに向かって言ったとみなされている返事に照らして、十分可能である。《神》はモーセの死の延期を拒むのに、どういう理由づけをしているか。人間として、死ぬべき時が来たと告げるのだ。つまり、死を免れない者として。モーセの地上での使命は終わったと告げる。私が《神》のことばを要約すれば、こうだ。「おまえはしっかりわきまえなければならない。おまえは《私自身》ではないのみならず、《私》のほんの一部さえもってはいない。おまえは、《私》がおまえに与えた《十戒》の第一の掟でそのことを知っている。たしかに、おまえは他の誰よりも《私》に近しい。おまえのあとには、《私自身》を除いて、誰もいないだろう。《私》はたとえ対話を交わすとはいえ、誰かある者ではなく、ある者より上の者ではなく、別の者である。異なる者ではなく、超越した者である。《私》は怒りと感謝を間欠的にもたらして介入する。《私》

はおまえに《約束の地》に行くことを禁じる。おまえはその地を見るだけだ。おまえの民を導いて行くのは、ヨシュアだ」。

《主》よ、なぜですか、なぜなのですかと、モーセは最後にもう一度たずねる。百二十歳になって、これまでにないくらい人生を愛しているモーセ。彼はアブラハムのように「疲れと日々の暮らしにあきあきして」はいない。何事にも興味があり、貪欲である。それに何よりも、自分にはなんの落ち度もないと思う。そこで、《神》は、《彼の》預言者のしつこさにうんざりして、いささかごまかし気味に、「おまえはエジプト人を一人殺したことを思い出しなさい」と答える。モーセは当惑して、《神》に答える。「でも、《あなた自身》、大勢のエジプト人を殺したでしょう」。「それはそうだが、《私》には彼らを生きかえらせることができる」。

この対話は、中世にモルダヴィアのどこかの村で作られたものだが、大生物学者アンリ・アトランがユーモアをこめて引用している。しかし、この対話には、このとき、《神》とモーセのあいだに何か奇妙なことが起こったのではないかと、思わせる節がある。モーセは《神》の忠実なしもべとして、なんとかもう少し（少しだけか？）この世にとどまりたかったようだ。そして《神》がそれを拒むとき、《彼》はモーセに特別の使命を授けるという考えを退けたのではないだろうか。この使命の期間がやがて永続するとなれば、一種の《受肉》と誤解されかねないからだ。《神》はモーセに対して、イエスが《彼自身》である以上、もちろん、キリストになることではないにせよ、少なくとも《メシア》になることを拒否したのだと、私は想像する。

すでに述べたように、もし私がキリスト教に強く惹かれることがあったとしても、肉体の復活の問題が妨げになっただろう。私はそのことを枢機卿になる前のリュスティジェ猊下に申し上げたことがある。彼は当時、バルベ・ド・ジュイ通りの大司教館に住んでいて、隣人である私が訪れるのを受け入れてくださった。大司教は、この復活を文字どおりに想像しないようにとすすめた。だが、よく考えてみると、それが唯一の障害ではなかったようだ。実は、私をキリスト教世界から遠ざけたのは、キリストのきわめてユダヤ的な役割に対する私の解釈そのものだった。《受肉》に私がショックを受けたのは、そこに《神》の後悔のしるしを見たからだ。《彼》は幸運にも人間たちに創造されたのち、《悪》の存在の問題を人間たちと分かちもとうとした。自分にはそれに答える力がないことがわかったからだ。人間は《神》を必要とすることに苦しんできたのに、《彼》は人間と苦しみをともにする決意をした。十字架上で、《彼の》受難のさなかに、《彼》はどうしていいかわからぬ者たちのために、赦しを求めたのだ。まことに驚くべきことに、この《神》は《彼の》被造物の不幸にやっと気づき、みずから《受肉》し、《彼の息子》をつかわした。それは、《自分》を人間にし、それどころか、人間たちと同じように、いやできることなら彼らよりももっと苦しもうとした。《彼》は自己分裂した。預言者がきっとそうしたように、《自分自身》に問いを投げかけた。《彼》は本気だった。《彼》は被造物の内部にあり、人間の条件の一部をなしている悪を、ユダという形でこしらえただけではない（この悪には《彼》も加わっている、ともかく《彼》の息子が加わっている。なにしろ人間なのだから。この点では、ユダはもちろん、イエスの一部である）。《神》はこのような演出を考え出しただけではなく、この自己分裂において《自分》を同情の的にしている。《福音書》で最も私を感動させる瞬間は、イエスが「父よ、なぜあなたは私をお捨てになったのですか？」と尋ねるときである。ここの解釈は、人さまざまだろう。私の解釈は、当然、きわめて異端である。私が思うに、人間の中にある神性は、いくつかの神々、その中でも、このユダヤ人の《神》を作り上げたという点にある。この《神》はある日、民と交わした《契約》、《彼》に選抜と迫害を交互に行わせた《契約》は残酷すぎるという判断を下し、そこで、この残酷さを分かち、その結果を耐えしのぶためにやって来る。

だから、私をキリスト教の誘惑から遠ざけたのは、単に肉体の復活を信じられなかったということだけではない。むしろ、キリスト教世界の歴史である。もしイエスが、私がやっと納得出来たように、《悪》の問題に答えるために、地上に現れたのなら、もしイエスがユダヤの町、ユダヤ人社会で、ユダヤ人の両親から、《神》がこの民族との契約を確認したことを示すために生まれたのなら、もしイエスの耐え忍んだ苦しみが人類の苦難を要約しているのなら、もしイエスがすすめた愛と赦しが過去、現在、未来のあらゆる罪の償いとなるのなら、そうだとすると、大部分のキリスト教徒のふるまいは、まったく正当化のしようがないし、どうやっても説明がつかない。それは容認できるものではないし、我慢できるものでもない。キリストの驚くべき、見事な教えの力を信じる妨げにもなる。

というのも、要するに、この《受難》の道を通って、すべては永遠にいつまでも祝福され、守られてきたことになる。アンナ(13)や、マリアや、ヨセフだけでなく、ユダもまたそうなる。ユダがいなければ、何事も起こりえなかったのだが、彼は裏切者の役を引き受け、そのために死ぬ。また、人々はユダの子孫はキリストの子孫とは別の人種に属するとみなすふりをしているのに。また、あのピラト、あの人口調査を命じた男、あの大司祭たちもまたそうだ。つまり、《神の大復権》に加わった者で、永遠に神聖な存在とならなかった者は一人もいないことになる。キリストの後継者たちがポグロム〔ユダヤ人大虐殺〕、十字軍、《異端審問》、《サン＝バルテルミーの虐殺》、インディオの殺戮、奴隷貿易、宗教戦争を考え出し、実行することができたということは、《神》がモーセに十戒を行わせることができなかった上に、《彼自身》が地上で最も辛い苦しみを分かち合った人間たちにも行わせることができなかった、何よりの証明である。それでもやはり、それは美しく、偉大な思いつきである。それとも、《神》が人間とは別のものを見つけるか、あるいは、人間が別の《神》をこしらえる必要があるのだろうか。

私は、私の尊敬する大寺院の建設者たちに対して不当な態度を取っている。彼らは、モーセにも、イエスにも十分ふさわしい人たちだ。葬儀でおもむくことも、審美的好奇心で行くこともあるが、教会に足を踏み入れるたびに、いつも私はミサのあいだ、ステンドグラスを見上げながら、二つのフランスについて瞑想する。カトリックが浸透した《アンシャン・レジーム〔革命前の旧体制〕》のフランスと、無信仰が浸透した《大革命》のフランス。フランス国民は、世界で最も美しい、《歴史》の石造りの最高傑作、大寺院を建設し、かつ破壊した国民である。大寺院を理解せずにフランスを理解することはできない。それに、大寺院の存在に感銘を受けずに、フランスで暮らすわけにはいかない。フランス人というのは「反外国思想のしみついた外国人」であると、私に言った人がいるが、これが当たっているかどうか、私にはよくわからない。私にわかるのは、フランス人の出自がどこであれ、どんな宗教を信じていようと、かならず芸術・信仰・《歴史》の記念建造物からなる世界に深く浸っている、ということだ。

人々がフランスに見に来るものは、ルーヴルであるとともにノートルダムであり、ポンピドゥー・センターであるとともにシャルトルであり、名人のシェフやデザイナーの店であるとともにシトー会僧院であり、ロワール河畔の城であるとともにヴェズレーであり、ランス[14]であり、ブールジュ[15]である。フランスが大量の移民の波の影響で変わることはあるかもしれないが、フランスの政教分離の伝統が力を失わないかぎり、支配的であった宗教とそこからの離脱を望んだ国家の両方を尊敬する態度は、国民に根づいているだろう。ユダヤ系フランス人、マルク・ブロックは、『奇妙な敗北』を書いたとき、そう考えたのだ。

　こうした見解がいつまで正当性を保てるか、私にはわからない。フランスはヨーロッパ連合の中で、そのアイデンティティ、文化的独自性を失うことはないだろう。それに、すでに他で示したつもりだが、いわゆるグローバリゼーションは民族主義への必然的回帰を伴うと、私は考える。しかし、この世紀末の重要な論争について言えば、近代に対する多かれ少なかれ消極的な同意と、伝統に戻ろうとする（あるいは近づこうとする）ますます積極的な願望とのあいだに成立する関係から焦点を当てると、その形が明確に見えてくることはたしかだ。この願望についての私の見方は、トックヴィル[16]とほぼ一致する。彼は、大衆社会の到来を告げる平等主義の風が多様化する伝統社会の帆船に吹き付けるのを、おびえた眼差しで見ていた。

　この二つの概念を定義する必要がある。この作業は、たえず精密さを加え、最後に修正を行うことになるかもしれない。私が近代と言うのは、一八六四年、ピウス九世[17]の『シラブス〔謬説表〕』が認めているものに、だいたい当てはまる。つまり、一七八九年の《大革命》と産業革命がもたらした人間の新しい社会的地位のあり方である。サン＝ジュストは、幸福は当時としては「新しい考え」だったと言ったらしい。ぎりぎり譲歩して、幸福への権利、幸福を要求するのは恥ずかしいことではない、という考えは新しかったと言ってもいいだろう。しかし、《大革命》に際して、その中心となる、基本的な考えはすでに十分生まれていたので、あらたに不確実な考えを付け加えるには及ばない。十八世紀末、少なくとも一七九三年以前のフランスでは、《神》と王は君臨はしても、もはや統治はしていない。彼らは死んではいないが、すでに彼らの権力を人間に移譲していた。そしてこの移譲以来、《神》と《君主》は自分たちの財産を回収しようと全力を挙げた。

私が伝統と言うのは、主として起源に拠り所を求める態度のことだ。アイデンティティの継続性に回帰しようとするのも、いくつかの儀式の構造を時間の持続によって神聖化しようとするのも、あるいはまた、こうした継続性や構造を《啓示》に基づく現代社会の保証にたてるのも、すべてそうだ。伝統は、みずから生み出した均衡が近代の攻撃を受けるかぎり、近代と対立することになる。しかし、そこには革命思想と反動思想の論争、自由と権威、進歩と正統性の論争があることは、容易に見て取れる。

私は人間のもつ頑固な宗教的次元を理解できるから、個人の勝利という、ごく最近の現象を、残念ながら、そのまま受け入れる気にはなれなかった。これはヨーロッパにおける新しい考え方、プロメテウスとガリレオの両方の神話から生まれた、思いあがった概念である。荷物をもたない旅行者、自分自身と宇宙の主人、種々の決定因と構造から解き放たれ、地球村の境界以外の国境を知らない世界市民、決定的に根を断ち切った存在、彼は進歩と未来への信仰以外に信じるものをもたない。つまり、彼は集団も、部族も、家族も、ましてや国家も、また宗教も必要としない。抽象マニアのこの個人は心躍る理想像を提供した。セネカの言う賢者、コンドルセの言う学者、ニーチェの言う超人、マルクスの言う全的人間のように見えた。彼は聖職者の蒙昧主義に対する《啓蒙思想》を掲げ、封建領主に対する反抗、圧制からの解放の立役者となった。個人は、この二十世紀の後半において、神からそのすべての属性、物質の秘密から生命の秘密、さらには同時にどこにでもいられる特性までも奪い取るはずだった。こうしたユートピア的な精神の構築、この純粋自由の夢を、どうして懐かしく思わずにいられるだろうか。

しかし、私の世代の人間にとっては、違いへの権利の擁護、解放者としての民族主義と、宗教のもつしばしば進歩的な役割への配慮、反植民地主義と被植民者のフォークロアの尊重との混同、再発見された文明に対する貪欲な、だが文学的な好奇心、あらゆる社会を平等とみなす民族学主義の浸透、そして西洋の古くからの帝国主義を引き継いだ傲岸不遜な経済主義に歯止めをかける必要性、そうしたすべてがヨーロッパの《歴史》への貢献を相対化するように、さらにまた、本当の根でも伝統でもないもののもろさを改めて考えるようにわれわれを促した。奇妙なことだが、われわれは《個人》を作り出した《大革命》の子である反植民地主義の名において、集団、部族、共同体を復活させる羽目になったのだ。

世界各地で勢いを取り戻し、西欧社会で並存し、共存している一神教が、民主主義の枠の中で普遍性への統一した呼びかけを行うことを、われわれは願ったはずだし、これからも願いつづけるほかない。よく考えれば、過去においても、ギリシャ哲学とアリストテレスの論理学は、五世紀から九世紀までのバグダッドで、八世紀から十二世紀までのコルドバで、この方向での交流を促進した。聖書にはなんでもあるが、すでに引用したロジェ・アルナルデスは、難なく次のことばを見つけた。「思い起こしてヤハウェに立ち帰れ、地の隅々までことごとく。そしてひれ伏せ、あなたの前に諸国民の氏族はことごとく」（詩篇　第二二篇二五章）。コーランでも、「人々よ！　おまえたちを一個の人間から作り出した主を怖れかしこめ」（第四篇一章）。同じ人間の統一への願い、もはや《神》のまわりではなく、《彼》の中への統一は、キリストの最後の祈りとして、ヨハネ伝（第一七章一一―二二）に表現されている。「私はもう世にいなくなり、彼らは世にいます。そして私はあなたのもとに赴こうとしています。聖なる父よ、私たちがそうであるように、彼らも一つであるよう、私に与えて下さっているあなたの名のうちに、彼らを守って下さい」。

イスラム教についてもう少し続けるなら、その歴史的継続性と現代における影響力の大きさはわれわれを驚かせるが、コーランの、よく引用され、注釈される、次の一節におけるイスラムの願いは、反響を呼ぶ。「ユダヤ教徒は言う、キリスト教徒は何も理解していないと。そしてキリスト教徒は言う、ユダヤ教徒は何も理解していないと。しかも彼らは両方とも啓典を読んでいるのである」（第二章一一三）。

「啓典の民よ！　なぜおまえたちはアブラハムをめぐって言い争うのか。トーラも福音書も彼のあとに啓示されたのではないか。おまえたちには良識がないのか。アブラハムはユダヤ教徒でもキリスト教徒でもなかった。彼は《神》に従順な《義の人》だった。そうだ、アブラハムに最もふさわしい人々とは、まさしく彼に従う者、この預言者、信仰ある者である。《神》はすべての信者の保護者である」（第三章六五―六八）。

今日イスラム世界で起きている議論は、われわれが個人の権利と民族の権利のあいだに発生しうる矛盾にかんして行っている議論と同じように、自由の擁護に関連する、こうした重大な危険を浮き彫りにしている。ここには、民主制という概念そのものが倫理、政治、経済において生むあらゆる問題の中心、根源がある。もし民主制が勝利を収め、生き長らえ、基礎を固め、確固たる体制を築くとすれば、近代が生んだすべてのものと、さらに伝統がもたらしたすべてのものに的確に対応するよう努めなければならない。人々がたとえ最も恐ろしい、最も屈辱的な隷属の中にあっても、たとえ完璧な疎外状況におかれても、退却地点として、あるいは避難所として見つけたと言っているものをすべて拾い上げて、調べる必要がある。

フランスにおける進歩の支持者と伝統の支持者との対立抗争は、その後世界中に広まり、それから各人の良心の内奥に戻ってきた。今世紀、ナチズムの世紀であり、植民地主義の世紀であり、ボルシェビズムの世紀だったこの世紀は、これからは各個人の心に存在する根本的対立によっても説明がつく。伝統へのノスタルジアと近代への願望、ルーツとさすらい、信仰と自由、共同体と個人の対立である。

しかし、決算のときにあたって、今世紀を総括し、自分自身との和解を図りながら、私は一本の細いけれども、救済という彩りを見せる道をはっきりと目の前に浮かべる気がする。それは、神性を尊重はするが、神々に従いはしないヒューマニズム〔人間中心主義〕の、限定された、戦闘的な復権へと導く。それは、人間が何世紀にもわたって、人間の栄光のために作り上げる必要を感じてきたものを標識として備えた道である。それは、このか細い糸を見つけようとする意志であるとも言える。この糸はほとんど見えないが、しかしどの神話にも、またあえて言えば、どの啓示にもある、進歩をもたらす、すばらしい糸である。要するに、私は他の多くの人と同じように、自分の陣営を選んだわけだ。それは、地中海、西欧の空間にあり、そこでいくつかの生きる根拠がはじめて表現された領土ではあるが、それだけではない。それは一つの陣営、これらの根拠が守られ、しかも世界の誰によっても、どこででも守られる、そういう陣営である。もちろん、根拠は抽象的でも、歴史を欠くものでもない。その拠り所があり、樹液があり、富がある。これらの根拠は宗教的存在の中に汲みこまれ、神話に包まれているから、そこには芸術が生きる知恵と同じくらい大事な地位を占めている。だが、最も後ろ向きのヨーロッパ愛国主義に陥るのでなければ、わがヨーロッパに遺産の中身と企てる力とを与える必要がある。

理性の危機、普遍性を考える能力の欠如、いくつかのイデオロギーの破産があるとしても、例えば、仏教の伝統の夢と野心、ユダヤ゠キリスト教の希望、さらにはあの共産主義の夢、つまり共産主義を動機づけ、今もしぶとくもちつづけているものにも答えたいという、われわれのやみがたい欲求に変わりはない。もしこの答えがないとしたら、絶対主義も自由主義も、こうした夢や野心があちこちで具体化し、復活し、革命的、宗教的、イデオロギー的反乱が、やがて人民や《歴史》や《神》の名において、勝手な掟を作る単一政党にその成果を横取りされ、人々が血なまぐさい悲劇に落胆するのを妨げられないだろう。

遺産？ 誰もが自分の遺産をもっている。われわれはアテネ、エルサレム、フェス、フィレンツェの遺産を請求することができる。三宗教時代の論争に拠り所を求めれば、あの神秘的なアンダルシアの遺産も。黄金時代だ。そうすると、人間の歴史には、突然、最も重要で不可逆の出来事が起こったのだと、考えることもできる。神話と儀式の展開そのものをつなぐ細く、不思議な糸の存在を、《神》がアブラハムに――おそらく最後の瞬間に――彼の息子ではなく、羊をいけにえに捧げるよう命じたときから、認めてもいいだろう。《神》の道徳性を疑わせるような残酷で背徳的な試練。だが、それまで慣例であった人間のいけにえがそこで終わりになったのだから、それは人間にとっての歴史的日付になる。ルネ・ジラールは旧約のエゼキエル書の前にあるテキストを指摘する。ヘブライ人は言った。「父親が熟していない葡萄を食べたので、子どもの歯がういた」。現代なら、遺伝体質は変えられないと言うだろう。エゼキエルの声を通じて、《神》はおのれの民に告げることにした。「あなたがたはこの諺を繰り消すには及ばない。もし悪人が息子を生み、その子が父の犯したすべての罪を目にし、しかもそれを見ても真似ないならば、この息子は父親のために死ぬことはない。彼は生き延びる」。ここには宗教文化と自然との対立の様相が明らかだ。遺伝的・集団的罰が禁じられたのだ。

これは、たいへんな進歩である。イエスが「一度も罪を犯したことのない者が、最初に石を投げよ」と言って、不義の女に対する投石を阻止したとき、彼は単に寛容と仁慈を広げただけではなく、人民裁判の手続きを廃止し、権利の基礎を作ったのだ。十六世紀の初頭、神学者バルトロメ・ラス・カサス(19)とドミニコ派修道士フランシスコ・デ・ヴィクトリアが、《新世界》におけるコロンブスの初期の開拓の時代に、征服と占領を正当化するためのあらゆる最新の理論を拒否したとき、彼らは自分たちの四世紀後に民族を解放する哲学の着想を得たことになる。

一六七九年、革命後のイギリス議会によって《人身保護法》が制定され、国家からの個人の保護が初めて宣せられたとき、最後に、アメリカ人が、ついでフランス人が法治国家の制度に役立つあらゆる土台を築き、世界の未来のために例の価値のヒエラルキーの中身となるべきものを決定したとき、それらを読み合わせてみれば、こうしたすべての時点で、光が現れたのだ。私は一二一五年の《マグナ・カルタ》[20]に思いを起こすが、この主観的な瞑想を始めるきっかけとなったテキストにさかのぼることに、さらに大きな喜びを感じる。

私はわが親愛なるラモン・ルルスのラテン語、カタロニア語、アラビア語による二百八十篇の作品について語りたい。彼の意図は最初から変わらなかった。自分の仕事がユダヤ教徒とイスラム教徒にキリスト教の《三位一体》と《キリスト受肉》の教義を理解させるような本を書くことだと、確信していた。聖アウグスティヌスと同様に、自分の数多い本の中の一冊が神の息吹と聖職者にふさわしい完璧な作品となることを望んだ。それが『真理を見つける技』で、彼は二十年にわたって、これを見なおし、手を入れ、修正した結果、奇妙にも、彼は福音書の大儀の擁護者であるばかりか、彼が語りかける《異教徒》の擁護者にもなっている。というのも、彼は福音伝道の上に、というかその先に、世界のすべての民族の融和、《神》の名（《善き者》、《偉大なる者》、《永遠なる者》、《慈悲深き者》など）の観想を据えた。こうした名はあらゆる宗教に共通で、三つの一神教の融和へと導き、神性に近づかせてくれる。すでに見たように、『異教徒と三人の賢者の書』における対話に結論はない。異教徒の聞き手は次第に、三人の碩学がある一点、唯一の創造者である《神》の存在という点で、正しいと納得していく。しかし、ユダヤ教徒、イスラム教徒、キリスト教徒の三人の賢者がそれぞれ、自分の《神》の概念に有利になるよう展開する議論を、彼はただ聞くばかりで、どうすることもできない。

そのあとに伝えられているのは、当時としてはとてつもなく重要なことだ。三人の賢者はどうしても意見の一致に達せず、別れを告げるが、そのさい、無意識のうちに使ったかもしれない相手を傷つけるような表現に対する謝罪を述べあった。ラモン・ルルスは、十字軍から二世紀後の十三世紀の終わりに、大胆にも自分の本の中で誰も非難せず、誰も勝者として認めなかった。ライモン・パニッカー・アリマニーが言うように、「ラモンにとって大事なのは、誠実さの欠如は宗教的罪であり、単なる政治的事実ではないと宣言すること」だった。ラモン・ルルスは文化間の対話のゲームの六つの規則を定めた。これは予言のように今日でもなお有効な規則である。議論は実存的欲求に応じなければならない。決して勝利を求めてはならない。なぜなら、勝利から平和は生まれないからだ。後悔と言う行為〔痛悔の祈り〕こそ、どんな宗教間の対話でも、その始めになければならない。対話は確固とした信仰を前提とするものではない。ただ出会いという行為そのものを信じることが必要になる。そして、それを信じること自体が、宗教的な行為となる。とはいえ、みなそれぞれ自分の良心に忠実でなければならない。宗教というのは、それ自体が目的ではなく、神にかんする真理に到達するための手段である。対話はその結果を予測せずに行われることになる。聞き手の異教徒がどの宗教を選ぶかは、誰にもわからない。人間の心が憧れる真理の統一は、意見の一致ではなく、むしろその等価性、相補性、さらには多極性にある。

ラモーナ・スグラニェス・デ・フランク教授にとって、

「ラモン師の宗教的魂の擁護は、当然の結果として、《異教徒》に対するあらゆる暴力、とりわけ十字軍に反対する方向へと導いた。ブランゲルナの有名な一節、第八十章で、彼は十字軍をマホメットの聖戦と比べ、《神》がこの種の遠征を認めることはありえないと断言した。ラモン・ルルスが十字軍を説くとすれば、それは宗教的自由のためだ［……］。彼の同時代人の中で、フランシスコ会のロジャー・ベーコン(21)とドミニコ会のリコルド・デ・モンテクローチェだけが、征服をめざす十字軍の宗教的・現世的有効性にかんする疑念をかくも公然と表明することができた。聖トマス・アクィナスと、彼とともに聖ラモン・デ・ペニアフォルトも、強制的な洗礼を断罪しただけだった。私が思うに、もう一人の《代理人》――インディアンの代理人――バルトロメ・デ・ラス・カサスの段階にまで達するべきだった。この人はやはり良き伝統を代表しながら、征服者たちがアメリカ・インディアンの土地を略奪し、彼らを奴隷化したとき、ルルスのことばと同じことばに耳を傾けることができた」。

そういうわけだから、私は自分が信者になる義務を感じずに、宗教心をもちつづけていられるし、また、自分の無信仰が無宗教にいたることもありえない。私はラモン・ルルスの中に、子供の頃に読んだ《大革命》物語の光を見出した。その光は、死という不幸以外には不幸ではありたくないと願う、誰の心の中にも、時間を超えて輝いている。

エピローグ

成長期の人間が、自分がいつまでも子供のままでいるよう運命づけられ、外部の圧倒的な力から守ってくれる保護なしには生きていけないことに気づいたときから、彼はこの力に父親像のもつ特徴を与え、神々を作り上げる。恐れを抱きながらも、これを自分の味方につけようと努め、自分を保護してくれることをこの神々に委ねる。

S・フロイト『ある幻想の未来』

もしわれわれの文明から宗教を排除しようとするなら、どうしても別の教義体系に頼るほかないし、その体系は最初から、宗教のもつあらゆる心理的特徴、つまり、聖性、厳格性、不寛容、さらには自分を守るためなら、考えることの禁止さえ採用するはずだ。

S・フロイト（クロード・ロワ『信仰』からの引用）

未来だけを考えるために過去から身をそらそうとしても、無駄であろう。そこになにか可能性があるなどと考えるのは、危険な幻想である。未来と過去の対立というのは、ばかげている。未来はわれわれになにももたらしてはくれない。未来を築くために、われわれのほうが未来にすべてを、われわれの生命そのものを与えなければならない。だが、与えるためには所有していなければならない。われわれが所有している生命、樹液とは、われわれが過去から受け継ぎ、消化吸収し、再生してきたものにほかならない。人間の魂のあらゆる欲求の中で、過去ほど大事なものはない。

シモーヌ・ヴェイユ『根をもつこと』

どんな宗教も、宗教であるかぎり、「反・人間中心主義」であり、反プロメテウス的である。聖なるものの現象そのもの、崇拝という行為そのものが、人間が自分一人で耐えるほど強くはない存在論的・道徳的欠陥と、自足性の欠如をみずから自覚していることを表している。どんな文明の宗教文学にも、その例証はふんだんにある。わけても見事な例は、「ヨブ記」と「福音書」という、あの精神の不滅の記念碑にある。またそのことを、無神論の偉大な予言者たち——ルクレティウスからフォイエルバッハ、ニーチェまで——は、深く自覚していた。彼らは人間が欠陥をもっているという事実を否定はしなかったのだが、少なくとも彼らのうちの多くにかんして言えば、その欠陥の存在論的不変性を認めることを拒否した。

L・コワルスキー『宗教哲学』

ここで今、ただの人間、外からの救いもなく、ただ自分の武器で守られているだけで、自分の名誉であり、力であり、存在の根底にほかならない、神の恩寵と知恵を受けずにいる人間を考えてみよう。そういう立派な身なりをしている彼の本当の姿がどんなものか、見てみよう。[……] この哀れで、か弱い生き物ほどこっけいなものを想像できるものだろうか。自分自身を支配することすらできず、あらゆる物の攻撃にさらされ、自分では宇宙の支配者、皇帝であると言いながら、宇宙のごく小さな部分すら知ることができず、ましてや制御するなどできない存在。

モンテーニュ『エセー』、第二巻第十二章、レーモン・スボンの弁護

訳注

まえがき

1　『プティ・リトレ』　十九世紀フランス語大辞典の机上型縮刷一巻本。
2　『プティ・ロベール』　二十世紀フランス語大辞典の机上型縮刷一巻本。
3　「やわらかな枕」　「自然はわれわれに歩くための足を与えてくれたように、人生に処してゆくための知恵を与えてくれた。もっとも、哲学者が考え出したような巧妙な、頑丈な、大げさなものではなくて、分相応の、平易な、健康な知恵である。純朴に正しく生きることを、言い換えれば自然に生きることを幸いにも知っている人にとっては、哲学者の知恵が口先だけで言うことを、立派に果たしてくれる知恵である。もっとも単純に自然に身を任せることはもっとも健康な任せ方である。ああ、無知と単純とは、よくできた頭を休めるには何とやわらかく、快い、健康な枕であろう」〔『エセー』第三巻第十三章　経験について（原二郎訳）〕。
4　シジフォス　あるいはシシュポス。ギリシャ神話で、コリントスの王。死後、地獄で、山頂まで上げると、かならず落ちる大岩を永遠に転がし上げる刑罰を科された（カミュ『シジフォスの神話』）。
5　ゲノン（一八八六―一九五一）　フランスの哲学者。ヒンズー、道教、イスラムの神秘思想の研究を行う。
6　ドーマル（一九〇八―四四）　フランスの詩人。東洋の神秘思想の影響を受ける。
7　ミルチャ・エリアーデ（一九〇七―八六）　ルーマニア出身の宗教学者・作家。宗教的象徴の解釈に新しい方向を見出した。『永劫回帰の神話』（一九四九）、『聖と俗』（五七）、小説『ムントゥリャサ通りで』（六八）。
8　デュメジル（一八九八―一九八六）　フランスの宗教史家。印欧語族の神話と社会構造の比較研究を行う。

第Ⅰ章　信仰なき者の中の最も敬虔な者

1　ミティジャ　アルジェ郊外の平野。
2　サマルカンド　ウズベキスタン東部の都市。
3　バルパライソ　チリ中部の港市。首都サンチャゴの外港。

4　ムアッジン　塔の上からメッカの方角に向かって一日五回、定刻に祈りの時を告げる係り。
5　アトラス・テリアン　アルジェリア海岸沿いに延びる山脈
6　自由思想家　人間の理性のみを信じ、いかなる宗教的権威、教義も認めない人々。
7　ジャン・ボベロ　フランスの社会学者・歴史学者。熱心なプロテスタントして、フランスの宗教的・文化的多様性にかんする著書を多く表している。『プロテスタンティスムは滅びる定めか？』（一九八八）。
8　サン＝バルテルミー　一五七二年八月二三―二四日、サン＝バルテルミー祭の日に、カトリック教徒がプロテスタントを虐殺した。
9　ナントの勅令　一五九八年、アンリ四世がナントで発布した、プロテスタントの信仰の自由・市民権を認める勅令。しかし一六八五年、ルイ十四世はこれを廃止した。
10　マルゼルブ（一七二一―九四）　ルイ十六世の内務・国務大臣。恐怖政治期に処刑された。『百科全書』の発行を庇護した。
11　ベルナルダン・サン＝ピエール（一七三七―一八一四）　フランスの作家・博物学者。『ポールとヴィルジニー』の作者。
12　サン＝ジュスト（一七六七―九四）　フランス革命期の急進派で、恐怖政治の推進者。テルミドールの反動で処刑された。
13　ベルナノス（一八八八―一九四八）　フランスのカトリックの小説家。人間の悪の問題を追求。
14　オメー　フロベールの『ボヴァリー夫人』に登場する町の薬剤師。
15　ルイ・ギユー（一八九九―一九八〇）　フランスの作家。ポピュリスムの傾向の強い作品を書いた。
16　アンドレ・シャンソン（一九〇〇―八三）　フランスの作家。「セヴェンヌ三部作」は、セヴェンヌ地方（フランス中央山脈南東部の山岳地帯）のプロテスタントの人々を描く。
17　ジャック・ル・ゴフ（一九二四―　）　フランスのアナール派の歴史家。『煉獄の誕生』（一九八一）。
18　ルナン（一八二三―九二）　フランスの思想家・宗教史家。同時代の文学者に科学主義、実証主義の影響を及ぼす。『キリスト教起源史』（一八六三―八二）。
19　ポール・ベニシュー　アルジェリア生まれのフランスの文学史家・批評家。『作家の聖別式』（一九七三）。

20　セナンクの僧院　南仏、ヴォークリューズ県ゴルドにあるシトー派修道院。一一四八年創設。

21　トゥルニュ　フランス中東部、マコン北方の町。ロマネスク様式のサン＝フィリペール教会がある。

22　ヴェズレー　フランス中部、オーセルの南東方、キュール川沿いにある村。ロマネスク様式のマドレーヌ教会（十二世紀）がある。

23　エマニュエル・レヴィナス（一九〇五―九五）　フランスの哲学者。ユダヤ神学に基づく哲学を築く。『全体性と無限』（一九六一）、『諸国民の時に』（八八）。

24　ルネ・ジラール（一九二三―　）　フランス生まれの評論家・文化人類学者。独自の人間学の見地から文化の成立基盤にある暴力性を分析。『暴力と聖なるもの』（一九七二）、『世の初めから隠されていること』（七八）。

25　フロッサール（一九一五―　）　フランスのジャーナリスト・作家。『神は存在する、私は会ったことがある』

26　ジャン＝ピエール・ヴェルナン（一九一四―　）　フランスのギリシャ学者。『ギリシャ思想の起源』（一九六二）。

27　シーア派　イスラム教の二大宗派の一つ。マホメットのいとこのアリのみを正統な後継者とし、三人の正統カリフを否定する。預言者の血統を重んじ、指導者にカリスマ的権威を認めることが多い。

28　ロジェ・アルナルデス（一九一一―　）　フランスのイスラム哲学・文明研究者。

29　フェルナン・ブローデル（一九〇二―八五）　フランスの歴史家。歴史研究に地理学・経済学の成果の導入を試みる。『フェリペ二世時代の地中海と地中海世界』（一九四九）。

30　ハディース　マホメットと初期の主要信徒たちの言行についての伝承の集成。イスラム教徒にとって、コーランにつぐ権威をもつ。

31　ルイ・マシニョン（一八八三―一九六二）　フランスの東洋学者。イスラム神秘思想にかんする著書が多い。

32　アンリ・ギユマン（一九〇三―九二）　歴史家・批評家。『コミューンの起源1～3』（一九五六―六〇）。『イエス事件』（一九七〇）。

第2章　コルドバからマジョルカへ

1　エミール・ブレイエ（一八七六―一九五二）　フランスの哲学者。『哲学史』（一九二六―三二）。

2　エチエンヌ・ジルソン（一八八四―一九七八）　フランスの哲学者。中世スコラ哲学の専門家。

3 トマス・アクィナス（一二二五？—七四） 中世イタリアのスコラ哲学者でローマカトリック教会の神学者。『神学大全』（六六—七三）。

4 オーギュスト・コント（一七九八—一八五七） フランスの哲学者。実証主義・近代社会学の祖。彼は人類の精神的発展にかんする「三段階の法則」に基づいて、精神の改革を考えた。神学的精神による統一の再建は不可能であり、形而上学的精神を経て、究極的には実証的精神によって、初めて可能になると主張した。

5 ウラマー イスラム法学者。伝統的教学の担い手として宗教的・政治的指導者層を形作る。

6 チェスラフ・ミロシュ（一九一一— ） ポーランドの詩人・文学史家。一九八〇年ノーベル文学賞受賞。

7 アヴェロエス（一一二六？—九八） スペインで業績を残したアラビアの哲学者・医学者。

8 マイモニデス（一一三五—一二〇四） スペイン生まれのユダヤ教の神学者の一人。

9 ラモン・ルルス（一二三五？—一三一五） スペインの神学者・哲学者。『学問の木』（一二九六）。

10 ピエール・アベラール（一〇七九—一一四二） フランスのスコラ哲学者・神学者。エロイーズとの恋で有名。

11 アヴィケンナ（九八〇—一〇三七） 中世イスラム最高の医者・哲学者と言われる。

12 スンニ派 最初の四人のカリフをマホメットの正統な後継者と考え、スンナ（マホメットの言行）をコーランと同等に重視する。

13 ヘビアス・コーパス（人身保護法） 一六七九年に英国王チャールズ二世の暴政に対して議会が制定した法律。

14 人権宣言 一七八九年八月二十六日、フランス革命の初めに立憲議会が採択した宣言。正確には「人間と市民の権利の宣言」。

15 トーラ ユダヤ教の律法。ユダヤ人は旧約聖書を律法、預言書、諸書に三分した。

16 シャリーア イスラム法。コーランとスンナの戒律および社会慣習に由来する法。

17 「自分の庭を耕そう」 ヴォルテール『カンディード』の中のことば。

18 六八年五月 パリの学生運動がフランス全土に広がり、ゼネストにまで発展した。五月革命と呼ばれた。

19 「もし神が存在しないのなら、すべては許される」 『カラマーゾフの兄弟』のイワンのことばとして有名。

第3章　伝統の築略と巻き返し

1　エチエンヌ・ボルヌ（一九〇七―九三）　フランスの哲学者。カトリック中道派の立場に立つ。『悪の問題』（一九五八）。

2　シトー会　一〇九八年、モレームの聖ロベールがベネディクト会同志とともにディジョン南方の小村シトーに創設した修道会。

3　聖ベネディクトゥス　ヌルシアのベネディクトゥス（四八〇？―五四三？）　西方教会の修道制度の創始者。ローマ文明が滅びようとしていたときに、新しい光明をもたらすために、修道生活の基礎を据えた。

4　シュテファン・ツヴァイク（一八八一―一九四二）　オーストリアの伝記作家・小説家・劇作家・批評家。『ヨーロッパの遺産』（一九六〇）。

5　ジュール・モヌロ（一九〇九―九五）　フランスの社会学者。『革命の社会学』（一九六九）。

6　ポール・エリュアール（一八九五―一九五二）　フランスの詩人。ダダイスム、シュルレアリスム運動の旗手。第二次大戦でレジスタンス運動に参加。『詩と真実』（一九四二）。

7　パブロ・ネルーダ（一九〇四―七三）　チリの詩人・外交官。一九七一年ノーベル文学賞受賞。『二十の愛の詩と一つの絶望の歌』（一九二四）、『大いなる歌』（五〇）。

8　ケマル・アタチュルク（一八八一―一九三九）　トルコの将軍・政治家。トルコ共和国の建国者。初代大統領（一九二三―三八）。

9　ナセル（一九一八―七〇）　エジプトの政治家。一九五六年に大統領になり、スエズ運河会社国有化を宣言。アジア・アフリカ諸国において指導的役割を果たす。

10　ハビブ・ブルギバ（一九〇三―九九）　チュニジアの政治家。フランスからの独立を主導し、初代大統領となる（一九五七）。一九八七年一一月、クーデターで失脚。

11　バース党　一九五二年創設の汎アラブ民族主義・社会主義政党。イラクとシリアが主導権を握ったが、激しく対立した。

12　レヴィ＝ブリュール（リュシアン）（一八五七―一九三七）　フランスの社会学者。『未開民族における神秘体験と象徴』（一九三八）。

13 サンゴール（一九〇六―　）セネガルの初代大統領（一九六〇―八〇）・詩人。
14 ジャック・ベルク（一九一〇―九五）フランスの社会学者・東洋学者。現代アラブ世界の社会学の第一人者。
15 ヒシャム・シャラビ　パレスチナ生まれのイスラム社会学者。ジョージタウン大学教授。『ネオ家父長制』（一九八八）。
16 ファティマ・メルニーシー（一九四〇年代生まれ―　）モロッコの社会学者・作家。ムハンマド五世大学（ラバト）教授。『ハーレムの少女ファティマ』（一九九四）。
17 公会議　教義などの問題を討議するためにローマ教皇が全司教を召集して開く会議。

第4章　ジッド、アンティゴネと絶対の誘惑

1 アンリ・マシス（一八八六―一九七〇）フランスの作家。王党派民族主義運動「アクシオン・フランセーズ」の活動家。
2 ナタエルよ、……『地の糧』の冒頭部。
3 プロテウス　ギリシャ神話でポセイドンの従者である海の老人。予言力とあらゆるものに変身する能力を有した。
4 メルクリウス　ローマ神話の商売の神。ギリシャ神話のヘルメスにあたる。
5 シュリー・プリュドム（一八三九―一九〇七）フランスの詩人。一九〇一年、第一回ノーベル文学賞受賞。
6 アナトール・フランス（一八四四―一九二四）フランスの作家・批評家。一九二一年ノーベル文学賞受賞。
7 マルタン・デュ・ガール（一八八一―一九五八）フランスの作家。『チボー家の人々』（一九二二―四〇）。一九三七年ノーベル文学賞受賞。ちなみに、ジッドの受賞は一九四七年。
8 ベルナール・ラザール（一八六五―一九〇五）フランスの初期のシオニスム活動家。『反ユダヤ主義、その歴史と原因』（一八九四）。
9 ジュリアン・グリーン（一九〇〇―九八）フランスの作家。両親はアメリカからの移民。霊と肉との相克を幻想的に描くカトリック作家。『モイラ』（一九五〇）。
10 ルネ・シャール（一九〇七―八八）フランスの詩人。シュルレアリスム運動に参加。
11 ロダンソン（モーリス）（一九一五―　）フランスの東洋学者。『マルクス主義とイスラム世界』（一九七二）。

12　アンリ・ゲオン（一八七五―一九四四）　フランスの詩人・劇作家。『NRF』誌の創刊に協力。ジャック・コポーとともに「ヴィユー・コロンビエ」座の中心メンバー。
13　ユグノー派　十六―十八世紀のフランスで、カルヴァン派プロテスタントに用いた蔑称。
14　ユゼス　南仏、ニーム北方の町。宗教戦争で甚大な被害を受けた。また十八世紀初め、ルイ十四世に対するカミザール（セヴェンヌ地方のカルヴァン派新教徒）の反乱の際にも、被害を蒙った。
15　第二バチカン公会議　一九六二―六五年、教皇ヨハネス二十三世によって開かれ、現代世界に対応したカトリック教会の革新と、カトリック教会の統一とが話し合われた。
16　ゲルショム・ショーレム（一八九七―一九八二）　ドイツ生まれのイスラエルの神学者。ユダヤ神秘主義とカバラ研究の世界的碩学。『ユダヤ神秘主義、その主潮流』（一九五七）。
17　イエス・キリストの母よ……　クローデル『戦争詩篇』の中の「正午の聖母マリア」（一九一五年）。J・ダニエルの記憶違いか、原文のままではない。
18　タルムード　ユダヤ教の律法や宗教的伝承、解説などを集大成した書。
19　デウカリオンとピュラ　ギリシャ神話で、デウカリオンはプロメテウスの子。人間を滅亡させる大洪水のとき、妻ピュラとともに箱舟でパルナッソス山に逃れ、この二人から新しい人類が生まれたという。
20　トマス・ド・クウィンシー（一七八五―一八五九）　英国の小説家・評論家。
21　アヌイ（一九一〇―八七）　『アンティゴーヌ』に代表される悲劇と、『泥棒たちの舞踏会』に代表される軽喜劇の両面で活躍。
22　ジョージ・スタイナー（一九二九―　）　パリ生まれのユダヤ系比較文学研究家。ジュネーヴ大学英文学・比較文学教授。『言語と沈黙』（一九六七）、『バベルの後に』（七五）。
23　ジョージ・エリオット（一八一九―八〇）　英国の小説家。『サイラス・マーナー』（一八六一）。
24　フラヴィウス・ジョゼフ（三七―一〇〇）　ユダヤ人の歴史家。『ユダヤ古代』に、イエスにかんする、非キリスト教徒の唯一の直接証言がある。
25　六月十八日のアピール　この日、ドゴールはロンドンからBBC放送を通じて、ドイツに対する戦いの継続、レジスタンスを呼びかけた。

26　エルネスト・サバト（一九一一―　）　アルゼンチンの評論家・小説家。
27　プリーモ・レーヴィ（一九一九―八七）　イタリアの小説家。ナチスの強制収容所での過酷な体験に基づく、多くのすぐれた、感動的な作品がある。『周期律』（一九七五）。

第5章　《神》に選ばれることの恍惚と苦役

1　モーリス・オランデール（一九四六―　）　フランスの歴史学者・評論家。『エデンの園の言語――アーリア人とセム人。摂理のカップル』（一九八九）。
2　ヨハン・ゴットフリート・ヘルダー（一七四四―一八〇三）　ドイツの哲学者・文芸批評家。
3　『ギルガメシュ叙事詩』　古代バビロニアの英雄叙事詩。紀元前二四世紀頃成立。ギルガメシュを主人公とし、オリエントの諸民族に伝わる。
4　ジャンセニスト　十七、十八世紀、オランダの神学者ヤンセニウスを源泉として、ポール・ロワイヤル修道院を中心に展開された宗教運動、ジャンセニスムの信者たち。イエズス会と激しく対立した。
5　エルンスト・H・カントローヴィチ（一八九五―一九六三）　ドイツの歴史学者。『王の二つの身体　中世政治神学研究』（一九五七）。
6　フリードリッヒ二世（一一九四―一二五〇）　フェデリコ一世としてシチリア王（在位一一九八―一二一二）。神聖ローマ皇帝（在位一二一二―五〇）。しばしば教皇と争い、破門された。
7　ゲッベルス（一八九七―一九四五）　ナチ政権下の啓蒙宣伝相。ヒトラーの死後、自殺。
8　マーリン　アーサー王伝説中の魔術師。
9　ヨアキム・デ・フローリス（一一四五？―一二〇二）　イタリア名、ジョアッキーノ・ダ・フィオレ。イタリアの神学者・聖書釈義家。シトー会修道士となったのち、フローリス（フィオレ）に聖ジョバンニ修道院を創設、フローリス修道会を始めた。三位一体論と聖書解釈をもとに、世界史を〈父の国〉の時代、〈子の国〉の時代、〈聖霊の国〉の時代の三期に分けた。『ヨハネの黙示録注解』。
10　カール五世（一五〇〇―五八）　神聖ローマ皇帝（在位一五一九―五六）。カルロス一世としてスペイン王（在位一五一六―五六）、オランダ王、シチリア王も兼ねる。ヨーロッパの覇権をめぐり、フランソワ一世と対立する。

11 シャルル八世（一四七〇―九八） フランス王（在位一四八三―九八）。ブルターニュ公女アンヌと結婚し、公領を併合する。

12 ジャン・ドリュモー（一九二三― ） フランスの歴史家。ルネサンスの専門家。

13 カラブリア イタリアナ南部の地方。

14 サヴォナローラ（一四五二―九八） イタリアの説教師・宗教指導者。メディチ家の腐敗を告発し、のちに火刑に処された。

15 クロード・ルフォール（一九二四― ） フランスの哲学者。全体主義批判の著書が多い。

16 ラ・ボエシー（一五三〇―六三） フランスの文筆家。時代に先駆けた反専制論を書いた。モンテーニュの最も敬愛する友として『エセー』に紹介されている。

17 マキアヴェリ（一四六九―一五二七） イタリアの政治家・歴史家。『君主論』（一五一四）の作者。

18 ミシュレ（一七九八―一八七四） フランスの歴史家。ギゾーの実用的歴史主義に反対して、民主的・反教会的立場から民衆の歴史的役割を説いた。『フランス史』（一八六九）。

19 エリザベス エリザベス一世（一五三三―一六〇三）。英国の女王。ヘンリー八世の娘。

20 アンリ二世（一五一九―五九） フランス国王（在位一五四七―五九）。フランソワ一世の子。カトリーヌ・メディシスと結婚。

21 アンリ三世（一五五一―八九） フランス国王（在位一五七四―八九）。アンリ二世とカトリーヌの第三子。ギーズ公暗殺の命を下すが、翌年自らも殺され、ヴァロワ朝は断絶する。

22 フランソワ一世（一四九四―一五四七） フランス国王（在位一五一五―四七）。王権の強化に努め、またその保護下にフランスにおけるルネサンス文化を開花させた。

23 アンリ四世（一五五三―一六一〇） フランス国王（在位一五八九―一六一〇）。ブルボン王朝を開く。ナントの勅令（一五九八）を発して宗教戦争を終わらせ、国家統一を図るが、カトリック修道僧に暗殺された。（第1章・注9参照）。

24 ニコライ・ベルジャーエフ（一八七四―一九四八） ロシアの神学者・哲学者。一九二二年以降フランスに移住。

25 イワン三世（一四四〇―一五〇五） ロシアの最初のツァーリ（皇帝）。一四六二年、全ロシアを統一。

26　ジョアン四世（一六〇四―五六）　ポルトガル国王（在位一六四〇―五六）。フランスの支持を得て、スペインからの独立を達成す

27　ハンフリー・ギルバート卿（一五〇九？―八三）　英国の軍人・航海者。北米最初の英国植民地を開いた。

28　エルヴェ・ル・ブラ（一九四三―　）　フランスの人口統計学者。『土と血』（一九九四）。

29　フリードリッヒ一世赤髭王（一一二二―九〇）　神聖ローマ皇帝（在位一一五二―九〇）。数次にわたりイタリア遠征を行う。自ら企てた第三回十字軍に遠征中、溺死した。

30　ロムルス　ローマ市の伝説上の建設者・初代の王。双子の弟レムスとともにテベレ川に捨てられるが、雌オオカミに育てられる。

31　ナウム・ゴールドマン（一八九五―一九八二）　リトアニア生まれのシオニズム運動指導者。

32　アルノルト・ツヴァイク（一八八七―一九六八）　ドイツの小説家・劇作家。『クラウディアをめぐる物語』（一九一二）。

33　マルク・ブロック（一八八六―一九四四）　フランスの「アナール派」創設の歴史家。中世史の研究家。第二次大戦中レジスタンス運動に加わり、ナチスに処刑される。『王の奇跡』（一九二四）。

34　アンリ・アトラン（一九三〇―　）　フランスの生物学者。自己組織化理論を築く。ユダヤ人の起源にかんする著書もある。

35　サラ・ベルナール（一八四四―一九二三）　フランスの女優。コメディー・フランセーズでデビューし、晩年まで『フェードル』、『椿姫』などで活躍した。

36　イェシャヤウー・レーボヴィッツ（一九〇三―九四）　イスラエルの哲学者・神学者。『簡潔な聖書の教え』（一九九五）。

37　主よ、あなたは……　ヴィニー『古代・近代詩篇』の中の「モーセ」。J・ダニエルの記憶違いか、原文のままではない。

38　アルフレッド・ヴィニー（一七九七―一八六三）　フランスのロマン派の詩人・作家・劇作家。

39　リュセェット・ヴァレンシ　フランスの中世イスラム学者。『イスラムの地におけるユダヤ人ジェルバの共同体』（一九八四）。

40　セバスチャン（一五五四―七八）　ポルトガル王（在位一五五七―五八）。ジョアン三世の孫。大マグレブ統一を夢見、マグレブ遠征を試みるが、モール人との戦いに破れ、失命。ポルトガル国民は彼の死を信じず、長く「セバスチャン王伝説」が残った。

第6章　ムルソー、ムイシュキンと無垢の強迫観念

1　ティパサ　アルジェの西にある地中海沿岸の村。ジェミラはアルジェリア、セティフ地方の高原にある町。ローマの遺跡がある。

2　ジャン・グルニエ（一八九八―一九七？）　フランスの文学者。『地中海の霊感』（一九四一）。『タオの精神』（一九五七）。

3　シュペングラー（一八八〇―一九三六）　ドイツの哲学者・歴史家。『西欧の没落』（一九一八―二二）。

4　キュロス（前六〇〇―五二九）　ペルシャ王（在位前五五八？―五二九）。ペルシャ帝国の建設者。

5　ハンナ・アーレント（一九〇六―七五）　ドイツ生まれの米国の政治哲学者。『全体主義の起源』（一九五一）。

6　デュルケーム（一八五八―一九一七）　フランスの社会学者。コントの実証主義を受け継ぎ、人類学、統計学などを応用し、社会学に客観性を導入した。『宗教生活の原初形態』（一九一二）。

7　ジオノ（一八九五―一九七〇）　フランスの作家。プロヴァンス地方の田園を舞台にする小説を多く書いた。

8　フィエーゾレ　イタリア、フィレンツェ付近の町。エトルリアや古代ローマの遺跡、大聖堂がある。

9　有名な「大審問官」の章の前にある。「『(…)いまかりにだね、ほかならぬお前が究極において人間を幸福にし、ついには平和とやわらぎを与える目的をもって、人類の建築物を築いているとすれば、しかしそのためには、どうしてもほんの取るにたりないちっぽけな人間、つまり例の小さなこぶしで胸をたたいたあの女の子を責め殺すことが必要であり、それはどうしても避けられない、その子供の恨みをはらすことのできない涙を土台にしなければ建築ができないという場合に直面したら、お前はこうした条件でその建築技師になることを承諾するかい、さあ返事をしてくれ、嘘をつくなよ！』『いいえ、承諾しないでしょうね』とアリョーシャは小さな声で言った。」〔ドストエフスキー『カラマーゾフ兄弟』第5編「プロとコントラ」、4 反逆（小沼文彦訳）〕。

10　チェルヌイシェフスキー（一八二八―八九）　ロシアの哲学者・批評家。空想的社会主義の立場の民主革命派。

『何をなすべきか』(一八六三)。
11 ガリバルディ(一八〇七―八二) イタリアの政治家。義勇軍を組織し、イタリア統一運動に活躍した。
12 ルイ・ブラン(一八一一―八二) フランスの社会主義者・歴史家。改良的社会主義を唱える。
13 エドガール・キネ(一八〇三―七五) フランスの歴史家・政治家。自由主義・反教権主義を主張。ナポレオン三世により国外追放。
14 スチュアート・ミル(一八〇六―七三) 英国の哲学者・経済学者。『自由論』(一八五九)。
15 バクーニン(一八一四―七六) ロシアの無政府主義者・著述家。『神と国家』(一八七一)。
16 ピラト 一世紀初期のローマ領ユデヤの総督(二六―三六?)。イエス・キリストの処刑の最終決定をした。
17 ブーヘンヴァルト ドイツ中東部の村。ナチの強制収容所があった(一九三四―四五)。
18 プロティノス(二〇五?―二七〇) 古代ギリシャの哲学者。新プラトン主義の創始者。
19 カリギュラ カミュの戯曲『カリギュラ』の主人公。絶対を求める人間。シピオンは彼を理解し、支える友人。第三代ローマ皇帝カリグラ(一二―四一)、(在位三七―四一)をモデルとする。

第7章 プロメテウス幻想の終わり

1 アロン(レーモン)(一九〇五―八四) フランスの哲学者・社会学者。ドイツ社会学をフランスに紹介し、スターリン主義的マルクス主義を批判した。『社会学的思考の流れ』(一九六五)。
2 ジュリアン・バンダ(一八六七―一九五六) フランスの思想家。『知識人の背任』(一九二七)。
3 ジロドゥー(一八八二―一九四四) フランスの小説家・劇作家。外交官。『トロイ戦争は起こらない』(一九三五)、『オンディーヌ』(三九)。
4 モンテルラン(一八九五―一九七二) フランスの小説家・劇作家。
5 セリーヌ(一八九四―一九六一) フランスの作家。『夜の果てへの旅』(一九三二)。
6 マノスク フランス、アルプス山脈南西麓の町。
7 ジャン・ロスタン(一八九四―一九七七) フランスの生物学者・著作家。単性生殖、奇形生成の研究で成果を挙げるかたわら、科学、哲学の大衆書を数多く書いた。

8　シオラン（一九一一―九八）　ルーマニア生まれのフランスの著述家。『歴史とユートピア』（一九六〇）、『四つ裂きの刑』（七九）。

9　ペギー（一八七三―一九一一）　フランスの詩人・思想家。現代カトリック左派の思想的創始者。

10　エマニュエル・ムーニエ（一九〇五―五〇）　フランスの哲学者。キリスト教的人格主義を唱え、『エスプリ』誌を創刊（一九三二）。『人格主義』（一九五〇）。

11　エマニュエル・ベルル（一八九二―一九七六）　フランスの作家・評論家。一貫して平和主義者の立場を守る。

12　アラゴン（一八九七―一九八二）　フランスの詩人・小説家。シュルレアリスムの詩人として出発。のちに共産党員となり、レジスタンスに参加。『パリの農夫』（一八二六）、『エルザの瞳』（四二）。

13　サン＝ジョン＝ペルス（一八八七―一九七五）　フランスの詩人、外交官。一九六〇年ノーベル文学賞受賞。

14　シュペルヴィエル（一八八四―一九六〇）　ウルグアイ生まれのフランスの詩人。平易な表現により、宇宙的・神秘的世界を創造。

15　ロンサール（一五二四―八五）　フランスの詩人。ギリシャ、ローマの古典に学び、フランス詩の革新を行う。プレイヤッド派の首領。

16　ホセ・カバニス（一九二二―　）　フランスの小説家。

17　ジャン・ラクチュール（一九二一―　）　フランスのジャーナリスト・評論家。『ドゴール1～3』（一九八四―六）。

18　ジャック・リヴィエール（一八八六―一九二五）　フランスの作家・批評家。『NRF』誌主筆。

19　ジャン・ポーラン（一八八四―一九六八）　フランスの作家・批評家・言語学者。『NRF』誌編集長。レジスタンス運動で『レットル・フランセーズ』誌創刊。深夜叢書を主宰。

20　ジェルネ（ジャック）（一九二一―　）　アルジェ生まれのフランスの東洋学者。『中国とキリスト教』（一九九一）。

21　ヴィダル＝ナケ（ピエール）（一九三〇―　）　フランスのギリシャ学者。『古代ギリシャにおける神話と悲劇』（一九七六　ヴェルナンとの共著）。

22　コルバン（アンリ）（一九〇三―七八）　フランスの宗教哲学者。『イラン哲学と比較哲学』（一九七七）。

23 マルセ（フィリップ）（一九一〇―　）フランスのアラブ語・北アフリカ民族学研究者。
24 イフィゲネイア　ギリシャ神話で、ミュケナイ王アガメムノンの娘。女神アルテミスの怒りを静めるため、父の命で人身御供になるが、女神が彼女を救う。
25 エフタ　［聖書］士師記第十一章に出てくるイスラエルの勇者。アンモン人との戦いを前に、勝利の暁には、帰って最初に家の戸口に迎え出た者を神に捧げると誓い、最愛の娘をいけにえとして捧げることになる。
26 ブルトゥス　ローマ共和制の伝説上の創始者。王党派に加担した二人の息子を有罪にし、その処刑に平然と立ち会ったと言われる。
27 シェストフ（一八六六―一九三八）　ロシアの哲学者・著作家。『トルストイとニーチェの善の概念』（一九〇〇）。
28 フュレ（一九二七―　）　フランスの歴史家。フランス革命の専門家。『フランス革命を考える』。
29 ラプラス（一七四九―一八二七）　フランスの天文学者・数学者・物理学者。天体力学や確率論などに大きな業績を残す。
30 バシュラール（一八八四―一九六二）　フランスの哲学者・文芸批評家。詩的創造力の分析に精神分析的方法を用いる。『火の精神分析』（一九三七）、『水と夢』（四二）、『空と夢』（四三）。
31 ニールス・ボーア（一八八五―一九六二）　デンマークの理論物理学者。元素の周期律を解明。
32 ハイゼンベルク（一九〇一―七六）　ドイツの物理学者。一九二五年、量子力学の一形式マトリックス力学を創始した。
33 イド　ドイツ語でエス。フロイトの理論において、自我と超自我とともに精神の一部をなすとされる無意識的な衝動エネルギーの源泉。快楽原則に従う衝動として満足を求めようとするが、自我と超自我の制裁を受ける。
34 マルセル・ゴーシェ（一九四六―　）　フランスの政治思想家。『世界の脱魔術化』（一九八五）。
35 ジョルジュ・バタイユ（一八九七―一九六二）　フランスの思想家・小説家。『無神学大全』（一九四三―四五）。
36 ポール・ヴェーヌ（一九三〇―　）　フランスの歴史家。古代ギリシャ‐ローマが専門。『歴史をどう書くか』（一九七一）、『パンと競技場』（一九七六）。
37 幻想の未来　幻想とは宗教を指す。「エピローグ」一八四ページ参照。
38 コンドルセ（一七三四―九四）　フランスの数学者・政治家。社会科学に数学の方法を応用しようと試みる。ジャコバン政府に反対し、逮捕され、獄中で自殺。

39 ルネ・クルベル(一九〇〇―三五)。フランスの作家。『困難な死』(一九二六)。

40 エドガール・モラン(一九二一―)フランスの人類-社会学者。学問の総合を目指す。『ヨーロッパを考える』(八七)、『祖国地球』(九三)、『方法』(全四巻、一九七七―九一)。

41 ラウル・ジラルデ(一九一七―)フランスの歴史家。『現代フランスにおける軍事社会』(一九五三)。

42 テルトゥリアヌス(一五五?―二二二?)初期キリスト教教父。キリスト教ラテン文学の確立者。

43 ドミニク・ルクール(一九四四―)フランスの哲学者。『プロメテウス、ファウスト、フランケンシュタイン』(一九九五)。

44 ハガル [聖書] アブラハムの妻サラの召使。アブラハムとの間にイシュマエルを生む。

45 アロン [聖書] モーセの兄。イスラエルの祭司職の創始者。

第8章 問いかけと聖なるもののあいだで

1 チェ・ゲヴァラ(一九二八―六七)アルゼンチン生まれのキューバの革命家・政治指導者。カストロとともにキューバ革命を指導。ボリビアで戦死。

2 ウパニシャッド 紀元前八―六世紀の間に作られ、一三〇〇年ごろに初めて文字にされたベーダ経典の一部。通例、対話形式の哲学書。

3 テ・デウム 古いラテン語の神の賛歌。詩篇形式で、神に対する感謝の礼拝式、ローマカトリック教会では朝課に、英国教会では英訳で早禱に歌われる。

4 カディッシュ シナゴーグの礼拝で唱える頌栄。アラム語の祈禱。

5 ケイルアン チュニジア北東部の都市。もとアガラブ王朝の首都(八〇〇―九〇九)。

6 ブルーモスク 正式にはアフメト一世のモスク。内壁のタイルの基調が青色であるところから、こう呼ばれる。一六一七年完成。オスマン・トルコの古典期建築を代表する。

7 ドゥッチョ(一二五五―一三一九?)イタリアの画家。シエナ派の祖。

8 シモーネ・マルティーニ(一二八三―一三四四)イタリアの画家。シエナ派の代表的画家。

9　アリアドネの糸　ギリシャ神話、クレタ王ミノスの娘アリアドネはテセウスに恋し、道しるべの糸玉を渡して、迷宮のミノタウロス退治を助けた。
10　アジョナルメント　一九六二年に始まる、ローマカトリックの近代化政策。教会の儀式、教理を現代人に理解しやすくするための運動。
11　アヴィラのテレサ（一五一五―八二）　スペインの修道女。カルメル修道会を改革した。カトリック教会最初の女性教会博士。
12　フィロン（前一三～二〇―後五〇？）　アレキサンドリアのユダヤ人哲学者。ユダヤ思想とギリシャ哲学、特にプラトンの哲学を融合させた。
13　アンナ　聖母マリアの母。
14　ランス　パリ北東、シャンパーニュ地方の中心地。大司教座が置かれ、歴代フランス国王の戴冠式が行われた。
15　ブールジュ　フランス中部、ベリー地方の中心地。ゴシック建築を代表するサン＝テティエンヌ聖堂（十三世紀）がある。
16　トックヴィル（一八〇五―五九）　フランスの政治学者・歴史家・政治家。十九世紀前半の正統的自由主義の代表的思想家。『アメリカ民主制論』（一八三五―四〇）。
17　ピウス九世（一七九二―一八七八、在位一八四六―七八）　イタリア統一運動当初友好的だったが、のちに敵対する。第一回バチカン公会議を開き、教皇の教義を宣した。誤謬とみなす近代の教説を八〇箇条にまとめた。
18　フェス　フェズとも呼ばれる。モロッコ中北部の都市。かつてイスラム王朝の首都。イドリース朝（七八九―九二六）、マリーン朝（一一九六―一四六五）。
19　バルトロメ・ラス・カサス（一四七四―一五六六）　スペインのドミニコ会宣教師・歴史家。新大陸で主にインディオに布教。インディオ虐待を告発、その権利の擁護に献身した。『インディアスの破壊についての簡潔な報告』（一五五二）。
20　《マグナ・カルタ》　一二一五年、英国王ジョンが署名した勅許状。国王権の行使を制限し、教会や都市の特権を保証したもので、英国憲法の基礎となった。
21　ロジャー・ベーコン（一二二〇？―九二）　英国の哲学者・自然科学者。近代科学の先駆者の一人。

訳者あとがき

本書は、Jean Daniel, *Dieu est-il fanatique?*（Arléa, 1996）の全訳である。

著者のジャン・ダニエルは、一九二〇年、アルジェリアのブリダにユダヤ系フランス人の製粉業者の家に生まれている。この出自は、その後の彼のジャーナリストとしての歩みに少なからぬ影響を与えた。五四年、アルジェリア独立戦争勃発と同時に、『エクスプレス』誌に記事を書き始め、やがて同誌の編集長を務める。カミュに対する深い敬愛の念は、本書にも表れているが、独立をめぐって、連合体を構想するカミュとは袂を分かつことになる。六四年、『エクスプレス』誌を去り、友人たちと新しい左派知識人の週刊誌『ヌヴェル・オプセルヴァトゥール』を創刊。マンデス・フランスとサルトルの後援を受け、どの政党からも独立した、幅広い——ロラン・バルトからミシェル・フーコーまで——知識人の協力を得て、従来のジャーナリズムにはなかった文化空間を作り上げた。現在、責任者の地位は退いているが、毎週、同誌の論説に健筆を揮っている。彼が今も倦むことなく説きつづけているのは、アラブ-イスラエルの対話である。

本書が出版された時点でのダニエルの著書は次の通り。——

L'Erreur, préface d'Albert Camus, Gallimard, 1953.

Le Temps qui reste, Stock, 1973.［Prix international de la Presse.］

Le Refuge et la Source, préface de Roland Barthes, Grasset, 1977.

L'Ère des ruptures, préface de Michel Foucault, Grasset, 1979.〔Prix Aujourd'hui〕
De Gaulle et l'Algérie, Le Seuil, 1986.
Les Religions d'un président, Grasset, 1988.
Cette Grande Lueur à l'Est, avec Youri Afanassiev, Mareen Sell, 1989.
Le Citoyen Mendès France, avec Jean Lacouture, Le Seuil, 1992.
La Blessure, Grasset, 1992.
L'Ami anglais, Grasset, 1994.〔Prix Albert-Camus〕
Voyage au bout de la nation, Le Seuil, 1995.

『神は狂信的か』というタイトルから中身の推測はつきにくいが、ここには、著者がこれまでジャーナリストして立ち会い、書いてきたすべてのことがらと、自分の人生において体験し、考えてきたすべてのことがらのエッセンスが凝縮されている。二十世紀が幕を下ろそうとする今、彼の最大の関心事は、人間の犯す悪の問題である。なぜ二十世紀はかくも大量の殺人の世紀になったのか。なぜ三つの一神教の神は、かかる悪を、もし引き起こしたのでないとすれば、せめてやめさせることができなかったのか。歴史は、あたかも神が狂信者を生み出すかのように、進んできたし、今も進んでいる。著者がこの疑問への手がかりとして取り上げる、息子イサクを殺すよう神に命じられたアブラハムの内面の葛藤は、その人間くささにおいて、まことに興味深い。

現代における悪の問題を考えることは、ヨーロッパの近代の歴史を考えることであり、それはまた、先進国の社会の現状と、近代化の犠牲になった旧植民地国の現在の状況の両方について、そこに生きる人々の心の不安と慰めについて考えることである。近代化の大波にさらされた人々を支える地中海の家父長制社会の根強い伝統、「支配的であった宗教とそこからの離脱を望んだ国家の両方を尊敬する」(一七四ページ) フランスの政教分離の伝統。著者の眼差しは、現代の状況を偏りなくその全体をとらえ、しかも細部を見逃さない。

ただし、これはジャーナリストによる客観的な情勢分析ではない。原書に付された「信じることとの宗教的不可能性についてのエセー」という、はなはだわかりにくい副題を解説すれば、「自分にはどうしても神は信じられない。しかし、聖なるものを感じる心という意味での宗教心はある。それは、死ぬべき者としてのだれもがもつ心であり、美しいものに感動する心である。だから、芸術がある」ということになろうか。

本書におけるJ・ダニエルは、神に対してかなり厳しいと言える。彼がみずから異端と認める解釈は、「この《神》はある日、民と交わした《契約》、《彼》に選抜と迫害を交互に行わせた《契約》は残酷過ぎるという判断を下し、そこで、この残酷さを分かち、その結果を耐え忍ぶためにやって来る」という解釈だから。しかし、彼には精神的指導者とも言うべきキリスト者がいる。十三世紀のスペインの神学者・哲学者、ラモン・ルルス、この人の『異教徒と三賢者の書』こそ、まさしく現代における宗教的不寛容を諌め、対話による真実への歩みを薦める、最高のテキストとされる。「私は自分が信者になる義務を感じずに、宗教心をもちつづけていられるし、また、自分の無信仰が無宗教にいたることもありえない。私はラモン・ルルスの中に、子供の頃に読んだ《大革命》物語の光を見出した。その光は、死という不幸以外には不幸ではありたくないと願う、誰の心にも、時間を超えて輝いている」（一八三ページ）。

本書を日本の読者に紹介しようと思い立ってから、予想以上に時間が経ってしまった。他の仕事に乏しい力を割かねばならなかったこともあるが、それ以上に、著者の鋭い感受性に裏付けられた広い思想的・文学的教養を受け止めるのに、こちらの足取りを緩める必要があったと、言わずもがなの言い訳を一言述べておく。辛抱強く待ってくださった法政大学出版局編集部の藤田信行氏に感謝したい。

近代化の歴史、特にフランスの脱宗教化（政教分離）の歴史について、訳者の度々の質問に答えて、貴重な教示を与えてくれた長年の友人フランシス・デュプレ氏には、いずれパリを訪れて、直接お礼のことばを述べたいと思う。

二〇〇〇年七月

菊地昌実

Kantorowicz, E., *Kaiser Friedrich der Zweite*, Stuttgart, Klett-Cotta, 1992 ; (*L'Empereur Frédéric II*, Gallimard, 1986) ;
Mourir pour la patrie, PUF, 1984.
Kierkegaard, S., *Crainte et tremblement, in Œuvres complètes*, Tome V, éditions de l'Orante.
Kolakowski, L., *Philosophie de la religion*, Fayard, 1985.
Lecourt, D., *Prométhée, Faust, Frankenstein*, Synthélabo, 1996.
Leibowitz, Y., *Brèves Leçons bibliques*, Desclée de Brouwer, 1995.
Lévinas, E., *Totalité et Infini*, Livre de Poche, 1990.
Lévi-Strauss, C., *Tristes Tropiques*, Pocket, 1984.
Lulle, R., *Le Livre du gentil et des trois sages*, éditions de l'Éclat, 1992.
Major, R., *De l'élection. Freud face aux idéologies américaine, allemande et soviétique*, Aubier, 1986.
Milosz, C., *La Pensée captive*, Folio essais, 1988.
Olender, M., *Les Langues du paradis*, Points Seuil, 1994.
Pascal, P., *Dostoïevski et Dieu*, Desclée de Brouwer, 1995.
Prigogine, I., *La Fin des certitudes*, Odile Jacob, 1996.
Renan, E., *La Vie de Jésus*, Arléa, 1992.
Saint Augustin, *Confessions*, Folio, 1993.
Segal, A., *Abraham. Enquête sur un patriarche*, Plon, 1995.
Sharabi, H., *Le Néopatriarcat*, Mercure de France, 1996.
Sibony, D., *Les Trois Monothéismes*, Le Seuil, 1992.
Sophocle, *Antigone*, LGF, 1991.
Steiner, G., *Les Antigones*, Folio essais, 1992.
Valensi, L., *Fables de la mémoire*, Le Seuil, 1992.
Vernant, J. P., *Mythe et religion en Grèce ancienne*, Le Seuil, 1990.
Voegelin, E., *Les Religions politiques*, Le Cerf, 1994.
Weil, S., *L'Enracinement*, Folio essais, 1990.

参考文献

Abecassis, A., *La Pensée juive*, 4 volumes, Livre de Poche.

Arnaldez, R., *in* Braudel, *La Méditerranée et le monde méditerranéen à l'époque de Philippe II*, 2 volumes, Armand Colin, 1990.

Atlan, H., *Un peuple que l'on dit élu* (à paraître).

Bauberot, J., *Le Protestantisme doit-il mourir ?*, Le Seuil, 1988.

Bénichou, P., *Le Sacre de l'écrivain, 1750-1830. Essai sur l'avènement d'un pouvoir spirituel laïc dans la France moderne*, Gallimard, 1996.

Bergson, H., *Les Deux Sources de la morale et de la religion*, PUF, 1992.

Berque, J., *Il reste un avenir*, Arléa, 1993.

Bottéro, J., *Naissance de Dieu*, Folio Histoire, 1992.

Bove, L., Comte-Sponville, A., Renou, P., *Albert Camus. De l'absurde à l'amour*, Paroles d'Aube, 1995.

Cabanis, J., *Dieu et la NRF*, Gallimard, 1994.

Constant, B., *De la religion*, Payot-Lausanne, 1971.

Debray, R., *Critique de la raison politique*, Gallimard, 1981.

Delumeau, J., *Mille Ans de bonheur. Une histoire du paradis*, Fayard, 1995.

Durkheim, E., *Formes élémentaires de la vie religieuse*, PUF, 1979.

Eliade, M., *La Nostalgie des origines*, Gallimard, Folio-Essais, 1991.

Feuerbach, L., *L'Essence du christianisme*, Gallimard, 1992.

Freud, S., *L'Avenir d'une illusion*, PUF, 1995.

Girard, R., *La Violence et le sacré*, Grasset, 1989.

Guillemin, H., *L'Affaire Jésus*, Le Seuil, 1982.

《叢書・ウニベルシタス　688》
神は狂信的か

2000年 9 月13日　初版第 1 刷発行

ジャン・ダニエル
菊地昌実 訳

発行所　財団法人　法政大学出版局
〒102-0073 東京都千代田区九段北3-2-7
電話03(5214)5540／振替00160-6-95814
製版，印刷　三和印刷／鈴木製本所

Printed in Japan

ISBN4-588-00688-6

著者

ジャン・ダニエル（Jean Daniel）

1920年アルジェリア生まれの現代フランスのジャーナリスト．55—63年『エクスプレス』誌の編集長を務めるが，やがてアルジェリア独立をめぐって，連合体を構想するアルベール・カミュと袂を分かち，64年同誌を去り友人たちと新しい左派知識人の週刊誌『ヌーヴェル・オプセルヴァトゥール』を創刊．サルトルとマンデス・フランスの後援を受け斬新な政治・文化空間を開いた．現在も毎週同誌の論説を執筆している．ダニエルが今も倦むことなく説きつづけているのは，アラブ-イスラエルの対話である．著書に「A．カミュ賞」など受賞図書数冊を含む評論集や小説などがあり，多彩な著述活動をしている〔著書一覧は訳者あとがき参照〕．

訳者

菊地昌実（きくち まさみ）

1938年生まれ．東京大学大学院（比較文学）修士課程修了．北海道大学教授．著訳書：『アルベール・カミュ』（白馬書房），『漱石の孤独』（行人社）：モラン『祖国地球』，『E.モラン自伝』（共訳），マフェゾリ『現代世界を読む』，サルナーヴ『死者の贈り物』（共訳），ギユボー『啓蒙思想の背任』（共訳），フェリー『神に代わる人間』（共訳），メンミ『あるユダヤ人の肖像』『人種差別』（共訳）〔以上は法政大学出版局〕，『イスラエルの神話』（共訳，新評論）

叢書・ウニベルシタス

				(頁)
1	芸術はなぜ心要か	E.フィッシャー／河野徹訳	品切	302
2	空と夢〈運動の想像力にかんする試論〉	G.バシュラール／宇佐見英治訳		442
3	グロテスクなもの	W.カイザー／竹内豊治訳		312
4	塹壕の思想	T.E.ヒューム／長谷川鉱平訳		316
5	言葉の秘密	E.ユンガー／菅谷規矩雄訳		176
6	論理哲学論考	L.ヴィトゲンシュタイン／藤本,坂井訳		350
7	アナキズムの哲学	H.リード／大沢正道訳		318
8	ソクラテスの死	R.グアルディーニ／山村直資訳		366
9	詩学の根本概念	E.シュタイガー／高橋英夫訳		334
10	科学の科学〈科学技術時代の社会〉	M.ゴールドスミス,A.マカイ編／是永純弘訳		346
11	科学の射程	C.F.ヴァイツゼカー／野田,金子訳		274
12	ガリレオをめぐって	オルテガ・イ・ガセット／マタイス,佐々木訳		290
13	幻影と現実〈詩の源泉の研究〉	C.コードウェル／長谷川鉱平訳		410
14	聖と俗〈宗教的なるものの本質について〉	M.エリアーデ／風間敏夫訳		286
15	美と弁証法	G.ルカッチ／良知,池田,小箕訳		372
16	モラルと犯罪	K.クラウス／小松太郎訳		218
17	ハーバート・リード自伝	北條文緒訳		468
18	マルクスとヘーゲル	J.イッポリット／宇津木,田口訳	品切	258
19	プリズム〈文化批判と社会〉	Th.W.アドルノ／竹内,山村,板倉訳		246
20	メランコリア	R.カスナー／塚越敏訳		388
21	キリスト教の苦悶	M.de ウナムーノ／神吉,佐々木訳		202
22	アインシュタイン ゾンマーフェルト往復書簡	A.ヘルマン編／小林,坂口訳	品切	194
23 24	群衆と権力（上・下）	E.カネッティ／岩田行一訳		440 356
25	問いと反問〈芸術論集〉	W.ヴォリンガー／土肥美夫訳		272
26	感覚の分析	E.マッハ／須藤,廣松訳		386
27 28	批判的モデル集（I・II）	Th.W.アドルノ／大久保健治訳	〈品切 品切〉	I 232 II 272
29	欲望の現象学	R.ジラール／古田幸男訳		370
30	芸術の内面への旅	E.ヘラー／河原,杉浦,渡辺訳	品切	284
31	言語起源論	ヘルダー／大阪大学ドイツ近代文学研究会訳		270
32	宗教の自然史	D.ヒューム／福鎌,斎藤訳		144
33	プロメテウス〈ギリシア人の解した人間存在〉	K.ケレーニイ／辻村誠三訳	品切	268
34	人格とアナーキー	E.ムーニエ／山崎,佐藤訳		292
35	哲学の根本問題	E.ブロッホ／竹内豊治訳		194
36	自然と美学〈形体・美・芸術〉	R.カイヨワ／山口三夫訳		112
37 38	歴史論（I・II）	G.マン／加藤,宮野訳	I・品切 II・品切	274 202
39	マルクスの自然概念	A.シュミット／元浜清海訳		316
40	書物の本〈西欧の書物と文化の歴史.書物の美学〉	H.プレッサー／轡田収訳		448
41 42	現代への序説（上・下）	H.ルフェーヴル／宗,古田監訳		220 296
43	約束の地を見つめて	E.フォール／古田幸男訳		320
44	スペクタクルと社会	J.デュビニョー／渡辺淳訳	品切	188
45	芸術と神話	E.グラッシ／榎本久彦訳		266
46	古きものと新しきもの	M.ロベール／城山,島,円子訳		318
47	国家の起源	R.H.ローウィ／古賀英三郎訳		204
48	人間と死	E.モラン／古田幸男訳		448
49	プルーストとシーニュ（増補版）	G.ドゥルーズ／宇波彰訳		252
50	文明の滴定〈科学技術と中国の社会〉	J.ニーダム／橋本敬造訳	品切	452
51	プスタの民	I.ジュラ／加藤二郎訳		382

				(頁)
52 53	社会学的思考の流れ（I・II）	R.アロン／北川，平野，他訳		350 392
54	ベルクソンの哲学	G.ドゥルーズ／宇波彰訳		142
55	第三帝国の言語LTI〈ある言語学者のノート〉	V.クレムペラー／羽田，藤平，赤井，中村訳	品切	442
56	古代の芸術と祭祀	J.E.ハリスン／星野徹訳		222
57	ブルジョワ精神の起源	B.グレトゥイゼン／野沢協訳		394
58	カントと物自体	E.アディッケス／赤松常弘訳		300
59	哲学的素描	S.K.ランガー／塚本，星野訳		250
60	レーモン・ルーセル	M.フーコー／豊崎光一訳		268
61	宗教とエロス	W.シューバルト／石川，平田，山本訳	品切	398
62	ドイツ悲劇の根源	W.ベンヤミン／川村，三城訳		316
63	鍛えられた心〈強制収容所における心理と行動〉	B.ベテルハイム／丸山修吉訳		340
64	失われた範列〈人間の自然性〉	E.モラン／古田幸男訳		308
65	キリスト教の起源	K.カウツキー／栗原佑訳		534
66	ブーバーとの対話	W.クラフト／板倉敏之訳		206
67	プロデメの変貌〈フランスのコミューン〉	E.モラン／宇波彰訳		450
68	モンテスキューとルソー	E.デュルケーム／小関、川喜多訳	品切	312
69	芸術と文明	K.クラーク／河野徹訳		680
70	自然宗教に関する対話	D.ヒューム／福鎌，斎藤訳		196
71 72	キリスト教の中の無神論（上・下）	E.ブロッホ／竹内，高尾訳		234 304
73	ルカーチとハイデガー	L.ゴルドマン／川俣晃自訳		308
74	断　想　1942—1948	E.カネッティ／岩田行一訳		286
75 76	文明化の過程（上・下）	N.エリアス／吉田，中村，波田，他訳		466 504
77	ロマンスとリアリズム	C.コードウェル／玉井，深井，山本訳		238
78	歴史と構造	A.シュミット／花崎皋平訳		192
79 80	エクリチュールと差異（上・下）	J.デリダ／若桑，野村，阪上，三好，他訳		378 296
81	時間と空間	E.マッハ／野家啓一編訳		258
82	マルクス主義と人格の理論	L.セーヴ／大津真作訳		708
83	ジャン=ジャック・ルソー	B.グレトゥイゼン／小池健男訳		394
84	ヨーロッパ精神の危機	P.アザール／野沢協訳		772
85	カフカ〈マイナー文学のために〉	G.ドゥルーズ，F.ガタリ／宇波，岩田訳		210
86	群衆の心理	H.ブロッホ／入野田，小崎，小岸訳	品切	580
87	ミニマ・モラリア	Th.W.アドルノ／三光長治訳		430
88 89	夢と人間社会（上・下）	R.カイヨワ，他／三好郁郎，他訳		374 340
90	自由の構造	C.ベイ／横越英一訳		744
91	1848年〈二月革命の精神史〉	J.カスー／野沢協，他訳		326
92	自然の統一	C.F.ヴァイツゼカー／斎藤，河井訳	品切	560
93	現代戯曲の理論	P.ションディ／市村，丸山訳	品切	250
94	百科全書の起源	F.ヴェントゥーリ／大津真作訳	品切	324
95	推測と反駁〈科学的知識の発展〉	K.R.ポパー／藤本，石垣，森訳		816
96	中世の共産主義	K.カウツキー／栗原佑訳		400
97	批評の解剖	N.フライ／海老根，中村，出淵，山内訳		580
98	あるユダヤ人の肖像	A.メンミ／菊地，白井訳		396
99	分類の未開形態	E.デュルケーム／小関藤一郎訳	品切	232
100	永遠に女性的なるもの	H.ド・リュバック／山崎庸一郎訳		360
101	ギリシア神話の本質	G.S.カーク／吉田，辻村，松田訳	品切	390
102	精神分析における象徴界	G.ロゾラート／佐々木孝次訳		508
103	物の体系〈記号の消費〉	J.ボードリヤール／宇波彰訳		280

				(頁)
104	言語芸術作品〔第2版〕	W.カイザー／柴田斎訳	品切	688
105	同時代人の肖像	F.ブライ／池内紀訳		212
106	レオナルド・ダ・ヴィンチ〔第2版〕	K.クラーク／丸山,大河内訳		344
107	宮廷社会	N.エリアス／波田,中埜,吉田訳		480
108	生産の鏡	J.ボードリヤール／宇波,今村訳		184
109	祭祀からロマンスへ	J.L.ウェストン／丸小哲雄訳		290
110	マルクスの欲求理論	A.ヘラー／良知,小箕訳		198
111	大革命前夜のフランス	A.ソブール／山崎耕一訳	品切	422
112	知覚の現象学	メルロ=ポンティ／中島盛夫訳		904
113	旅路の果てに〈アルペイオスの流れ〉	R.カイヨワ／金井裕訳		222
114	孤独の迷宮〈メキシコの文化と歴史〉	O.パス／高山,熊谷訳		320
115	暴力と聖なるもの	R.ジラール／古田幸男訳		618
116	歴史をどう書くか	P.ヴェーヌ／大津真作訳		604
117	記号の経済学批判	J.ボードリヤール／今村,宇波,桜井訳	品切	304
118	フランス紀行〈1787,1788&1789〉	A.ヤング／宮崎洋訳		432
119	供　犠	M.モース,H.ユベール／小関藤一郎訳		296
120	差異の目録〈歴史を変えるフーコー〉	P.ヴェーヌ／大津真作訳	品切	198
121	宗教とは何か	G.メンシング／田中,下宮訳		442
122	ドストエフスキー	R.ジラール／鈴木晶訳		200
123	さまざまな場所〈死の影の都市をめぐる〉	J.アメリー／池内紀訳		210
124	生　成〈概念をこえる試み〉	M.セール／及川馥訳		272
125	アルバン・ベルク	Th.W.アドルノ／平野嘉彦訳		320
126	映画　あるいは想像上の人間	E.モラン／渡辺淳訳		320
127	人間論〈時間・責任・価値〉	R.インガルデン／武井,赤松訳		294
128	カント〈その生涯と思想〉	A.グリガ／西牟田,浜田訳		464
129	同一性の寓話〈詩的神話学の研究〉	N.フライ／駒沢大学フライ研究会訳		496
130	空間の心理学	A.モル,E.ロメル／渡辺淳訳		326
131	飼いならされた人間と野性的人間	S.モスコヴィッシ／古田幸男訳		336
132	方　法　1. 自然の自然	E.モラン／大津真作訳	品切	658
133	石器時代の経済学	M.サーリンズ／山内昶訳		464
134	世の初めから隠されていること	R.ジラール／小池健男訳		760
135	群衆の時代	S.モスコヴィッシ／古田幸男訳	品切	664
136	シミュラークルとシミュレーション	J.ボードリヤール／竹原あき子訳		234
137	恐怖の権力〈アブジェクシオン〉試論	J.クリステヴァ／枝川昌雄訳		420
138	ボードレールとフロイト	L.ベルサーニ／山縣直子訳		240
139	悪しき造物主	E.M.シオラン／金井裕訳		228
140	終末論と弁証法〈マルクスの社会・政治思想〉	S.アヴィネリ／中村恒矩訳	品切	392
141	経済人類学の現在	F.プイヨン編／山内昶訳		236
142	視覚の瞬間	K.クラーク／北條文緒訳		304
143	罪と罰の彼岸	J.アメリー／池内紀訳		210
144	時間・空間・物質	B.K.ライドレー／中島龍三訳	品切	226
145	離脱の試み〈日常生活への抵抗〉	S.コーエン，N.テイラー／石黒毅訳		321
146	人間怪物論〈人間脱走の哲学の素描〉	U.ホルストマン／加藤二郎訳		206
147	カントの批判哲学	G.ドゥルーズ／中島盛夫訳		160
148	自然と社会のエコロジー	S.モスコヴィッシ／久米,原訳		440
149	壮大への渇仰	L.クローネンバーガー／岸,倉田訳		368
150	奇蹟論・迷信論・自殺論	D.ヒューム／福鎌,斎藤訳		200
151	クルティウス－ジッド往復書簡	ディークマン編／円子千代訳		376
152	離脱の寓話	M.セール／及川馥訳		178

				（頁）
153	エクスタシーの人類学	I.M.ルイス／平沼孝之訳		352
154	ヘンリー・ムア	J.ラッセル／福田真一訳		340
155	誘惑の戦略	J.ボードリヤール／宇波彰訳		260
156	ユダヤ神秘主義	G.ショーレム／山下, 石丸, 他訳		644
157	蜂の寓話〈私悪すなわち公益〉	B.マンデヴィル／泉谷治訳		412
158	アーリア神話	L.ポリアコフ／アーリア主義研究会訳		544
159	ロベスピエールの影	P.ガスカール／佐藤和生訳		440
160	元型の空間	E.ゾラ／丸小哲雄訳		336
161	神秘主義の探究〈方法論的考察〉	E.スタール／宮元啓一, 他訳		362
162	放浪のユダヤ人〈ロート・エッセイ集〉	J.ロート／平田, 吉田訳		344
163	ルフー，あるいは取壊し	J.アメリー／神崎巌訳		250
164	大世界劇場〈宮廷祝宴の時代〉	R.アレヴィン, K.ゼルツレ／円子修平訳	品切	200
165	情念の政治経済学	A.ハーシュマン／佐々木, 旦訳		192
166	メモワール〈1940-44〉	レミ／築島謙三訳		520
167	ギリシア人は神話を信じたか	P.ヴェーヌ／大津真作訳	品切	340
168	ミメーシスの文学と人類学	R.ジラール／浅野敏夫訳		410
169	カバラとその象徴的表現	G.ショーレム／岡部, 小岸訳		340
170	身代りの山羊	R.ジラール／織田, 富永訳	品切	384
171	人間〈その本性および世界における位置〉	A.ゲーレン／平野具男訳	品切	608
172	コミュニケーション〈ヘルメスⅠ〉	M.セール／豊田, 青木訳		358
173	道　化〈つまずきの現象学〉	G.v.バルレーヴェン／片岡啓治訳	品切	260
174	いま, ここで〈アウシュヴィッツとヒロシマ以後の哲学的考察〉	G.ピヒト／斎藤, 浅野, 大野, 河井訳		600
175 176 177	真理と方法〔全三冊〕	H.-G.ガダマー／轡田, 麻生, 三島, 他訳		Ⅰ・350 Ⅱ・ Ⅲ・
178	時間と他者	E.レヴィナス／原田佳彦訳		140
179	構成の詩学	B.ウスペンスキイ／川崎, 大石訳	品切	282
180	サン=シモン主義の歴史	S.シャルレティ／沢崎, 小杉訳		528
181	歴史と文芸批評	G.デルフォ, A.ロッシュ／川中子弘訳		472
182	ミケランジェロ	H.ヒバード／中山, 小野訳	品切	578
183	観念と物質〈思考・経済・社会〉	M.ゴドリエ／山内昶訳		340
184	四つ裂きの刑	E.M.シオラン／金井裕訳		234
185	キッチュの心理学	A.モル／万沢正美訳		344
186	領野の漂流	J.ヴィヤール／山下俊一訳		226
187	イデオロギーと想像力	G.C.カバト／小箕俊介訳		300
188	国家の起源と伝承〈古代インド社会史論〉	R.=ターパル／山崎, 成澤訳		322
189	ベルナール師匠の秘密	P.ガスカール／佐藤和生訳		374
190	神の存在論的証明	D.ヘンリッヒ／本間, 須田, 座小田, 他訳		456
191	アンチ・エコノミクス	J.アタリ, M.ギヨーム／斎藤, 安孫子訳		322
192	クローチェ政治哲学論集	B.クローチェ／上村忠男編訳		188
193	フィヒテの根源的洞察	D.ヘンリッヒ／座小田, 小松訳		184
194	哲学の起源	オルテガ・イ・ガセット／佐々木孝訳	品切	224
195	ニュートン力学の形成	ベー・エム・ゲッセン／秋間実, 他訳		312
196	遊びの遊び	J.デュビニョー／渡辺淳訳	品切	160
197	技術時代の魂の危機	A.ゲーレン／平野具男訳	品切	222
198	儀礼としての相互行為	E.ゴッフマン／広瀬, 安江訳	品切	376
199	他者の記号学〈アメリカ大陸の征服〉	T.トドロフ／及川, 大谷, 菊地訳		370
200	カント政治哲学の講義	H.アーレント著, R.ベイナー編／浜田監訳		302
201	人類学と文化記号論	M.サーリンズ／山内昶訳		354
202	ロンドン散策	F.トリスタン／小杉, 浜本訳		484

				(頁)
203	秩序と無秩序	J.-P.デュピュイ／古田幸男訳		324
204	象徴の理論	T.トドロフ／及川馥, 他訳		536
205	資本とその分身	M.ギヨーム／斉藤日出治訳		240
206	干　渉〈ヘルメスII〉	M.セール／豊田彰訳		276
207	自らに手をくだし〈自死について〉	J.アメリー／大河内了義訳		222
208	フランス人とイギリス人	R.フェイバー／北條, 大島訳	品切	304
209	カーニバル〈その歴史的・文化的考察〉	J.カロ・バロッハ／佐々木孝訳	品切	622
210	フッサール現象学	A.F.アグィーレ／川島, 工藤, 林訳		232
211	文明の試練	J.M.カディヒィ／塚本, 秋山, 寺西, 島訳		538
212	内なる光景	J.ポミエ／角山, 池部訳		526
213	人間の原型と現代の文化	A.ゲーレン／池井望訳		422
214	ギリシアの光と神々	K.ケレーニイ／円子修平訳		178
215	初めに愛があった〈精神分析と信仰〉	J.クリステヴァ／枝川昌雄訳		146
216	バロックとロココ	W.v.ニーベルシュッツ／竹内章訳		164
217	誰がモーセを殺したか	S.A.ハンデルマン／山形和美訳		514
218	メランコリーと社会	W.レペニース／岩田, 小竹訳		380
219	意味の論理学	G.ドゥルーズ／岡田, 宇波訳		460
220	新しい文化のために	P.ニザン／木内孝訳		352
221	現代心理論集	P.ブールジェ／平岡, 伊藤訳		362
222	パラジット〈寄食者の論理〉	M.セール／及川, 米山訳		466
223	虐殺された鳩〈暴力と国家〉	H.ラボリ／川中子弘訳		240
224	具象空間の認識論〈反・解釈学〉	F.ダゴニェ／金森修訳		300
225	正常と病理	G.カンギレム／滝沢武久訳		320
226	フランス革命論	J.G.フィヒテ／桝田啓三郎訳		396
227	クロード・レヴィ=ストロース	O.パス／鼓, 木村訳		160
228	バロックの生活	P.ラーンシュタイン／波田節夫訳		520
229	うわさ〈もっとも古いメディア〉増補版	J.-N.カプフェレ／古田幸男訳		394
230	後期資本制社会システム	C.オッフェ／寿福真美編訳		358
231	ガリレオ研究	A.コイレ／菅谷暁訳	品切	482
232	アメリカ	J.ボードリヤール／田中正人訳		220
233	意識ある科学	E.モラン／村上光彦訳		400
234	分子革命〈欲望社会のミクロ分析〉	F.ガタリ／杉村昌昭訳		340
235	火, そして霧の中の信号—ゾラ	M.セール／寺田光徳訳		568
236	煉獄の誕生	J.ル・ゴッフ／渡辺, 内田訳		698
237	サハラの夏	E.フロマンタン／川端康夫訳		336
238	パリの悪魔	P.ガスカール／佐藤和夫訳		256
239 240	自然の人間的歴史（上・下）	S.モスコヴィッシ／大津真作訳		上・494 下・390
241	ドン・キホーテ頌	P.アザール／円子千代訳	品切	348
242	ユートピアへの勇気	G.ピヒト／河井徳治訳		202
243	現代社会とストレス〔原書改訂版〕	H.セリエ／杉, 田多井, 藤井, 竹宮訳		482
244	知識人の終焉	J.-F.リオタール／原田佳彦, 他訳		140
245	オマージュの試み	E.M.シオラン／金井裕訳		154
246	科学の時代における理性	H.-G.ガダマー／本間, 座小田訳		158
247	イタリア人の太古の知恵	G.ヴィーコ／上村忠男訳		190
248	ヨーロッパを考える	E.モラン／林　勝一訳		238
249	労働の現象学	J.-L.プチ／今村, 松島訳		388
250	ポール・ニザン	Y.イシャグプール／川俣晃自訳		356
251	政治的判断力	R.ベイナー／浜田義文監訳		310
252	知覚の本性〈初期論文集〉	メルロ=ポンティ／加賀野井秀一訳		158

				（頁）
253	言語の牢獄	F.ジェームソン／川口喬一訳		292
254	失望と参画の現象学	A.O.ハーシュマン／佐々木，杉田訳		204
255	はかない幸福—ルソー	T.トドロフ／及川馥訳		162
256	大学制度の社会史	H.W.プラール／山本尤訳		408
257 258	ドイツ文学の社会史（上・下）	J.ベルク，他／山本，三島，保坂，鈴木訳		上・766 下・648
259	アランとルソー〈教育哲学試論〉	A.カルネック／安斎，並木訳		304
260	都市・階級・権力	M.カステル／石川淳志監訳		296
261	古代ギリシア人	M.I.フィンレー／山形和美訳	品切	296
262	象徴表現と解釈	T.トドロフ／小林，及川訳		244
263	声の回復〈回想の試み〉	L.マラン／梶野吉郎訳		246
264	反射概念の形成	G.カンギレム／金森修訳		304
265	芸術の手相	G.ピコン／末永照和訳		294
266	エチュード〈初期認識論集〉	G.バシュラール／及川馥訳		166
267	邪な人々の昔の道	R.ジラール／小池健男訳		270
268	〈誠実〉と〈ほんもの〉	L.トリリング／野島秀勝訳		264
269	文の抗争	J.-F.リオタール／陸井四郎，他訳		410
270	フランス革命と芸術	J.スタロバンスキー／井上尭裕訳		286
271	野生人とコンピューター	J.-M.ドムナック／古田幸男訳		228
272	人間と自然界	K.トマス／山内昶，他訳		618
273	資本論をどう読むか	J.ビデ／今村仁司，他訳		450
274	中世の旅	N.オーラー／藤代幸一訳		488
275	変化の言語〈治療コミュニケーションの原理〉	P.ワツラウィック／築島謙三訳		212
276	精神の売春としての政治	T.クンナス／木戸，佐々木訳		258
277	スウィフト政治・宗教論集	J.スウィフト／中野，海保訳		490
278	現実とその分身	C.ロセ／金井裕訳		168
279	中世の高利貸	J.ル・ゴッフ／渡辺香根夫訳		170
280	カルデロンの芸術	M.コメレル／岡部仁訳		270
281	他者の言語〈デリダの日本講演〉	J.デリダ／高橋允昭編訳		406
282	ショーペンハウアー	R.ザフランスキー／山本尤訳		646
283	フロイトと人間の魂	B.ベテルハイム／藤瀬恭子訳		174
284	熱　狂〈カントの歴史批判〉	J.-F.リオタール／中島盛夫訳		210
285	カール・カウツキー 1854-1938	G.P.スティーンソン／時永，河野訳		496
286	形而上学と神の思想	W.パネンベルク／座小田，諸岡訳		186
287	ドイツ零年	E.モラン／古田幸男訳		364
288	物の地獄〈ルネ・ジラールと経済の論理〉	デュムシェル，デュピュイ／織田，富永訳		320
289	ヴィーコ自叙伝	G.ヴィーコ／福鎌忠恕訳	品切	448
290	写真論〈その社会的効用〉	P.ブルデュー／山縣熙，山縣直子訳		438
291	戦争と平和	S.ボク／大沢正道訳		224
292	意味と意味の発展	R.A.ウォルドロン／築島謙三訳		294
293	生態平和とアナーキー	U.リンゼ／内田，杉村訳		270
294	小説の精神	M.クンデラ／金井，浅野訳		208
295	フィヒテ-シェリング往復書簡	W.シュルツ解説／座小田，後藤訳		220
296	出来事と危機の社会学	E.モラン／浜名，福井訳		622
297	宮廷風恋愛の技術	A.カペルラヌス／野島秀勝訳		334
298	野蛮〈科学主義の独裁と文化の危機〉	M.アンリ／山形，望月訳		292
299	宿命の戦略	J.ボードリヤール／竹原あき子訳		260
300	ヨーロッパの日記	G.R.ホッケ／石丸，柴田，信岡訳		1330
301	記号と夢想〈演劇と祝祭についての考察〉	A.シモン／岩瀬孝監修．佐藤，伊藤，他訳		388
302	手と精神	J.ブラン／中村文郎訳		284

				(頁)
303	平等原理と社会主義	L.シュタイン／石川, 石塚, 柴田訳		676
304	死にゆく者の孤独	N.エリアス／中居実訳		150
305	知識人の黄昏	W.シヴェルブシュ／初見基訳		240
306	トマス・ペイン〈社会思想家の生涯〉	A.J.エイヤー／大熊昭信訳		378
307	われらのヨーロッパ	F.ヘール／杉浦健之訳		614
308	機械状無意識〈スキゾ-分析〉	F.ガタリ／高岡幸一訳		426
309	聖なる真理の破壊	H.ブルーム／山形和美訳		400
310	諸科学の機能と人間の意義	E.パーチ／上村忠男監訳		552
311	翻　訳〈ヘルメスIII〉	M.セール／豊田, 輪田訳		404
312	分　布〈ヘルメスIV〉	M.セール／豊田彰訳		440
313	外国人	J.クリステヴァ／池田和子訳		284
314	マルクス	M.アンリ／杉山, 水野訳	品切	612
315	過去からの警告	E.シャルガフ／山本, 内藤訳		308
316	面・表面・界面〈一般表層論〉	F.ダゴニェ／金森, 今野訳		338
317	アメリカのサムライ	F.G.ノートヘルファー／飛鳥井雅道訳		512
318	社会主義か野蛮か	C.カストリアディス／江口幹訳		490
319	遍　歴〈法, 形式, 出来事〉	J.-F.リオタール／小野康男訳		200
320	世界としての夢	D.ウスラー／谷　徹訳		566
321	スピノザと表現の問題	G.ドゥルーズ／工藤, 小柴, 小谷訳		460
322	裸体とはじらいの文化史	H.P.デュル／藤代, 三谷訳		572
323	五　感〈混合体の哲学〉	M.セール／米山親能訳		582
324	惑星軌道論	G.W.F.ヘーゲル／村上恭一訳		250
325	ナチズムと私の生活〈仙台からの告発〉	K.レーヴィット／秋間実訳		334
326	ベンヤミン-ショーレム往復書簡	G.ショーレム編／山本尤訳		440
327	イマヌエル・カント	O.ヘッフェ／薮木栄夫訳		374
328	北西航路〈ヘルメスV〉	M.セール／青木研二訳		260
329	聖杯と剣	R.アイスラー／野島秀勝訳		486
330	ユダヤ人国家	Th.ヘルツル／佐藤康彦訳		206
331	十七世紀イギリスの宗教と政治	C.ヒル／小野功生訳		586
332	方　法　2．生命の生命	E.モラン／大津真作訳		838
333	ヴォルテール	A.J.エイヤー／中川, 吉岡訳		268
334	哲学の自食症候群	J.ブーヴレス／大平具彦訳		266
335	人間学批判	レペニース, ノルテ／小竹澄栄訳		214
336	自伝のかたち	W.C.スペンジマン／船倉正憲訳		384
337	ポストモダニズムの政治学	L.ハッチオン／川口喬一訳		332
338	アインシュタインと科学革命	L.S.フォイヤー／村上, 成定, 大谷訳		474
339	ニーチェ	G.ピヒト／青木隆嘉訳		562
340	科学史・科学哲学研究	G.カンギレム／金森修監訳		674
341	貨幣の暴力	アグリエッタ, オルレアン／井上, 斉藤訳		506
342	象徴としての円	M.ルルカー／竹内章訳		186
343	ベルリンからエルサレムへ	G.ショーレム／岡部仁訳		226
344	批評の批評	T.トドロフ／及川, 小林訳		298
345	ソシュール講義録注解	F.de　ソシュール／前田英樹・訳注		204
346	歴史とデカダンス	P.ショーニュー／大谷尚文訳		552
347	続・いま, ここで	G.ピヒト／斎藤, 大野, 福島, 浅野訳		580
348	バフチン以後	D.ロッジ／伊藤誓訳		410
349	再生の女神セドナ	H.P.デュル／原研二訳		622
350	宗教と魔術の衰退	K.トマス／荒木正純訳		1412
351	神の思想と人間の自由	W.パネンベルク／座小田, 諸岡訳		186

				(頁)
352	倫理・政治的ディスクール	O.ヘッフェ／青木隆嘉訳		312
353	モーツァルト	N.エリアス／青木隆嘉訳		198
354	参加と距離化	N.エリアス／波田, 道籏訳		276
355	二十世紀からの脱出	E.モラン／秋枝茂夫訳		384
356	無限の二重化	W.メニングハウス／伊藤秀一訳		350
357	フッサール現象学の直観理論	E.レヴィナス／佐藤, 桑野訳		506
358	始まりの現象	E.W.サイード／山形, 小林訳		684
359	サテュリコン	H.P.デュル／原研二訳		258
360	芸術と疎外	H.リード／増渕正史訳	品切	262
361	科学的理性批判	K.ヒュプナー／神野, 中才, 熊谷訳		476
362	科学と懐疑論	J.ワトキンス／中才敏郎訳		354
363	生きものの迷路	A.モール, E.ロメル／古田幸男訳		240
364	意味と力	G.バランディエ／小関藤一郎訳		406
365	十八世紀の文人科学者たち	W.レペニース／小川さくえ訳		182
366	結晶と煙のあいだ	H.アトラン／阪上脩訳		376
367	生への闘争〈闘争本能・性・意識〉	W.J.オング／高柳, 橋爪訳		326
368	レンブラントとイタリア・ルネサンス	K.クラーク／尾崎, 芳野訳		334
369	権力の批判	A.ホネット／河上倫逸監訳		476
370	失われた美学〈マルクスとアヴァンギャルド〉	M.A.ローズ／長田, 池田, 長野, 長田訳		332
371	ディオニュソス	M.ドゥティエンヌ／及川, 吉岡訳		164
372	メディアの理論	F.イングリス／伊藤, 磯山訳		380
373	生き残ること	B.ベテルハイム／高尾利数訳		646
374	バイオエシックス	F.ダゴニェ／金森, 松浦訳		316
375 376	エディプスの謎（上・下）	N.ビショッフ／藤代, 井本, 他訳		上・450 下・464
377	重大な疑問〈懐疑的省察録〉	E.シャルガフ／山形, 小野, 他訳		404
378	中世の食生活〈断食と宴〉	B.A.ヘニッシュ／藤原保明訳	品切	538
379	ポストモダン・シーン	A.クローカー, D.クック／大熊昭信訳		534
380	夢の時〈野生と文明の境界〉	H.P.デュル／岡部, 原, 須永, 荻野訳		674
381	理性よ, さらば	P.ファイヤアーベント／植木哲也訳	品切	454
382	極限に面して	T.トドロフ／宇京頼三訳		376
383	自然の社会化	K.エーダー／寿福真美監訳		474
384	ある反時代的考察	K.レーヴィット／中村啓, 永沼更始郎訳		526
385	図書館炎上	W.シヴェルブシュ／福本義憲訳		274
386	騎士の時代	F.v.ラウマー／柳井尚子訳		506
387	モンテスキュー〈その生涯と思想〉	J.スタロバンスキー／古賀英三郎, 高橋誠訳		312
388	理解の鋳型〈東西の思想経験〉	J.ニーダム／井上英明訳		510
389	風景画家レンブラント	E.ラルセン／大谷, 尾崎訳		208
390	精神分析の系譜	M.アンリ／山形頼洋, 他訳		546
391	金《かね》と魔術	H.C.ビンスヴァンガー／清水健次訳		218
392	自然誌の終焉	W.レペニース／山村直資訳		346
393	批判的解釈学	J.B.トンプソン／山本, 小川訳		376
394	人間にはいくつの真理が必要か	R.ザフランスキー／山本, 藤井訳		232
395	現代芸術の出発	Y.イシャグプール／川俣晃自訳		170
396	青春　ジュール・ヴェルヌ論	M.セール／豊田彰訳		398
397	偉大な世紀のモラル	P.ベニシュー／朝倉, 羽賀訳		428
398	諸国民の時に	E.レヴィナス／合田正人訳		348
399 400	バベルの後に（上・下）	G.スタイナー／亀山健吉訳		上・482 下・
401	チュービンゲン哲学入門	E.ブロッホ／花田監修・菅谷, 今井, 三国訳		422

				(頁)
402	歴史のモラル	T.トドロフ／大谷尚文訳		386
403	不可解な秘密	E.シャルガフ／山本, 内藤訳		260
404	ルソーの世界 〈あるいは近代の誕生〉	J.-L.ルセルクル／小林浩訳	品切	378
405	死者の贈り物	D.サルナーヴ／菊地, 白井訳		186
406	神もなく韻律もなく	H.P.デュル／青木隆嘉訳		292
407	外部の消失	A.コドレスク／利沢行夫訳		276
408	狂気の社会史 〈狂人たちの物語〉	R.ポーター／目羅公和訳		428
409	続・蜂の寓話	B.マンデヴィル／泉谷治訳		436
410	悪口を習う 〈近代初期の文化論集〉	S.グリーンブラット／磯山甚一訳		354
411	危険を冒して書く 〈異色作家たちのパリ・インタヴュー〉	J.ワイス／浅野敏夫訳		300
412	理論を讃えて	H.-G.ガダマー／本間, 須田訳		194
413	歴史の島々	M.サーリンズ／山本真鳥訳		306
414	ディルタイ 〈精神科学の哲学者〉	R.A.マックリール／大野, 田中, 他訳		578
415	われわれのあいだで	E.レヴィナス／合田, 谷口訳		368
416	ヨーロッパ人とアメリカ人	S.ミラー／池田栄一訳		358
417	シンボルとしての樹木	M.ルルカー／林 捷 訳		276
418	秘めごとの文化史	H.P.デュル／藤代, 津山訳		662
419	眼の中の死 〈古代ギリシアにおける他者の像〉	J.-P.ヴェルナン／及川, 吉岡訳		144
420	旅の思想史	E.リード／伊藤誓訳		490
421	病のうちなる治療薬	J.スタロバンスキー／小池, 川那部訳		356
422	祖国地球	E.モラン／菊地昌実訳		234
423	寓意と表象・再現	S.J.グリーンブラット編／船倉正憲訳		384
424	イギリスの大学	V.H.H.グリーン／安原, 成定訳		516
425	未来批判 あるいは世界史に対する嫌悪	E.シャルガフ／山本, 伊藤訳		276
426	見えるものと見えざるもの	メルロ=ポンティ／中島盛夫監訳		618
427	女性と戦争	J.B.エルシュテイン／小林, 廣川訳		486
428	カント入門講義	H.バウムガルトナー／有福孝岳監訳		204
429	ソクラテス裁判	I.F.ストーン／永田康昭訳		470
430	忘我の告白	M.ブーバー／田口義弘訳		348
431 432	時代おくれの人間 (上・下)	G.アンダース／青木隆嘉訳		上・432 下・546
433	現象学と形而上学	J.-L.マリオン他編／三上, 重永, 檜垣訳		388
434	祝福から暴力へ	M.ブロック／田辺, 秋津訳		426
435	精神分析と横断性	F.ガタリ／杉村, 毬藻訳		462
436	競争社会をこえて	A.コーン／山本, 真水訳		530
437	ダイアローグの思想	M.ホルクウィスト／伊藤誓訳		370
438	社会学とは何か	N.エリアス／徳安彰訳		250
439	E.T.A.ホフマン	R.ザフランスキー／識名章喜訳		636
440	所有の歴史	J.アタリ／山内昶訳		580
441	男性同盟と母権制神話	N.ゾンバルト／田村和彦訳		516
442	ヘーゲル以後の歴史哲学	H.シュネーデルバッハ／古東哲明訳		282
443	同時代人ベンヤミン	H.マイヤー／岡部仁訳		140
444	アステカ帝国滅亡記	G.ボド, T.トドロフ編／大谷, 菊地訳		662
445	迷宮の岐路	C.カストリアディス／宇京頼三訳		404
446	意識と自然	K.K.チョウ／志水, 山本監訳		422
447	政治的正義	O.ヘッフェ／北尾, 平石, 望月訳		598
448	象徴と社会	K.バーク著, ガスフィールド編／森常治訳		580
449	神・死・時間	E.レヴィナス／合田正人訳		360
450	ローマの祭	G.デュメジル／大橋寿美子訳		446

			(頁)
550	ハイデガーと実践哲学	O.ペゲラー他,編／竹市,下村監訳	584
551	彫　像	M.セール／米山親能訳	366
552	人間的なるものの庭	C.F.v.ヴァイツゼカー／山辺建訳	
553	思考の図像学	A.フレッチャー／伊藤誓訳	472
554	反動のレトリック	A.O.ハーシュマン／岩崎稔訳	250
555	暴力と差異	A.J.マッケナ／夏目博明訳	354
556	ルイス・キャロル	J.ガッテニョ／鈴木晶訳	462
557	タオスのロレンゾー〈D.H.ロレンス回想〉	M.D.ルーハン／野島秀勝訳	490
558	エル・シッド〈中世スペインの英雄〉	R.フレッチャー／林邦夫訳	414
559	ロゴスとことば	S.プリケット／小野功生訳	486
560 561	盗まれた稲妻〈呪術の社会学〉(上・下)	D.L.オキーフ／谷林眞理子,他訳	上・490 下・656
562	リビドー経済	J.-F.リオタール／杉山,吉谷訳	458
563	ポスト・モダニティの社会学	S.ラッシュ／田中義久監訳	462
564	狂暴なる霊長類	J.A.リヴィングストン／大平章訳	310
565	世紀末社会主義	M.ジェイ／今村,大谷訳	334
566	両性平等論	F.P.de ラ・バール／佐藤和夫,他訳	330
567	暴虐と忘却	R.ボイヤーズ／田部井孝次・世志子訳	524
568	異端の思想	G.アンダース／青木隆嘉訳	518
569	秘密と公開	S.ボク／大沢正道訳	470
570 571	大航海時代の東南アジア (I・II)	A.リード／平野,田中訳	I・430 II・
572	批判理論の系譜学	N.ボルツ／山本,大貫訳	332
573	メルヘンへの誘い	M.リューティ／高木昌史訳	200
574	性と暴力の文化史	H.P.デュル／藤代,津山訳	768
575	歴史の不測	E.レヴィナス／合田,谷口訳	316
576	理論の意味作用	T.イーグルトン／山形和美訳	196
577	小集団の時代〈大衆社会における個人主義の衰退〉	M.マフェゾリ／古田幸男訳	334
578 579	愛の文化史 (上・下)	S.カーン／青木,斎藤訳	上・334 下・384
580	文化の擁護〈1935年パリ国際作家大会〉	ジッド他／相磯,五十嵐,石黒,高橋編訳	752
581	生きられる哲学〈生活世界の現象学と批判理論の思考形式〉	F.フェルマン／堀栄造訳	282
582	十七世紀イギリスの急進主義と文学	C.ヒル／小野,圓月訳	444
583	このようなことが起こり始めたら…	R.ジラール／小池,住谷訳	226
584	記号学の基礎理論	J.ディーリー／大熊昭信訳	286
585	真理と美	S.チャンドラセカール／豊田彰訳	328
586	シオラン対談集	E.M.シオラン／金井裕訳	336
587	時間と社会理論	B.アダム／伊藤,磯山訳	338
588	懐疑的省察 ABC〈続・重大な疑問〉	E.シャルガフ／山本,伊藤訳	244
589	第三の知恵	M.セール／及川馥訳	250
590 591	絵画における真理 (上・下)	J.デリダ／高橋,阿部訳	上・322 下・390
592	ウィトゲンシュタインと宗教	N.マルカム／黒崎宏訳	256
593	シオラン〈あるいは最後の人間〉	S.ジョドー／金井裕訳	212
594	フランスの悲劇	T.トドロフ／大谷尚文訳	304
595	人間の生の遺産	E.シャルガフ／清水健次,他訳	392
596	聖なる快楽〈性,神話,身体の政治〉	R.アイスラー／浅野敏夫訳	876
597	原子と爆弾とエスキモーキス	C.G.セグレー／野島秀勝訳	408
598	海からの花嫁〈ギリシア神話研究の手引き〉	J.シャーウッドスミス／吉田,佐藤訳	234
599	神に代わる人間	L.フェリー／菊地,白井訳	220
600	パンと競技場〈ギリシア・ローマ時代の政治と都市の社会学的歴史〉	P.ヴェーヌ／鎌田博夫訳	1032

			(頁)
650	知の全体史	C.V.ドーレン／石塚浩司訳	766
651	法の力	J.デリダ／堅田研一訳	220
652 653	男たちの妄想（I・II）	K.テーヴェライト／田村和彦訳	I・816 II
654	十七世紀イギリスの文書と革命	C.ヒル／小野，圓月，箭川訳	592
655	パウル・ツェラーンの場所	H.ベッティガー／鈴木美紀訳	176
656	絵画を破壊する	L.マラン／尾形，梶野訳	272
657	グーテンベルク銀河系の終焉	N.ボルツ／識名，足立訳	330
658	批評の地勢図	J.ヒリス・ミラー／森田孟訳	550
659	政治的なものの変貌	M.マフェゾリ／古田幸男訳	290
660	神話の真理	K.ヒュプナー／神野，中才，他訳	736
661	廃墟のなかの大学	B.リーディングズ／青木，斎藤訳	354
662	後期ギリシア科学	G.E.R.ロイド／山野，山口，金山訳	320
663	ベンヤミンの現在	N.ボルツ，W.レイイェン／岡部仁訳	180
664	異教入門〈中心なき周辺を求めて〉	J.-F.リオタール／山縣，小野，他訳	242
665	ル・ゴフ自伝〈歴史家の生活〉	J.ル・ゴフ／鎌田博夫訳	290
666	方　法　3. 認識の認識	E.モラン／大津真作訳	398
667	遊びとしての読書	M.ピカール／及川，内藤訳	478
668	身体の哲学と現象学	M.アンリ／中敬夫訳	404
669	ホモ・エステティクス	L.フェリー／小野康男，他訳	
670	イスラームにおける女性とジェンダー	L.アハメド／林正雄，他訳	422
671	ロマン派の手紙	K.H.ボーラー／髙木葉子訳	382
672	精霊と芸術	M.マール／津山拓也訳	474
673	言葉への情熱	G.スタイナー／伊藤誓訳	612
674	贈与の謎	M.ゴドリエ／山内昶訳	362
675	諸個人の社会	N.エリアス／宇京早苗訳	
676	労働社会の終焉	D.メーダ／若森章孝，他訳	394
677	概念・時間・言説	A.コジェーヴ／三宅，根田，安川訳	
678	史的唯物論の再構成	U.ハーバーマス／清水多吉訳	
679	カオスとシミュレーション	N.ボルツ／山本尤訳	218
680	実質的現象学	M.アンリ／中，野村，吉永訳	268
681	生殖と世代継承	R.フォックス／平野秀秋訳	408
682	反抗する文学	M.エドマンドソン／浅野敏夫訳	406
683	哲学を讃えて	M.セール／米山親能，他訳	312
684	人間・文化・社会	H.シャピロ編／塚本利明，他訳	
685	遍歴時代〈精神の自伝〉	J.アメリー／富重純子訳	206
686	ノーを言う難しさ〈宗教哲学的エッセイ〉	K.ハインリッヒ／小林敏明訳	200
687	シンボルのメッセージ	M.ルルカー／林捷，林田鶴子訳	
688	神は狂信的か？	J.ダニエル／菊地昌実訳	
689	セルバンテス	J.カナヴァジオ／円子千代訳	
690	マイスター・エックハルト	B.ヴェルテ／下津留直訳	
691	ドイツ物理学のディレンマ	J.L.ハイルブロン／村岡晋一訳	